職場觀測站

—古典名句新智慧

Job ▶▶▶

李保祿◎著

序

　　現代人、尤其是年輕人，普遍有兩種隱憂，一是語文能力薄弱，二是思想混淆不清。台灣民眾語文能力愈見薄弱，從兩個例子便可以充分顯現：一是學生作文能力，二是電視劇的編劇水平。在報章雜誌上常見的「白癡造句」笑話便是各級學校學生作文程度低落的寫照與縮影；大陸歷史劇如「雍正王朝」、「大宅門」等在台灣風行，也是台灣電視劇水平不足的反證。思想混淆不清也可以從兩種現象獲得印證：一是政治人物的反反覆覆，二是電視叩應節目的紊亂發言及提問。

　　有沒有方法改變台灣普遍存在的語文能力薄弱、思想混淆不清這兩種現象呢？當然有，而且有許多辦法。筆者認為閱讀章回小說不但是其中的一種，而且是相當有效的一種。

　　章回小說有語言及歷史兩方面的智慧，其能夠流

傳數百年至今，必然有其雋永的道理。其中有兩個對當然台灣普羅大眾甚為「實惠」的道理，一是文字洗鍊精彩，二是故事中蘊藏著豐富的人生智慧及深邃思想。在文字方面，《水滸傳》、《三國演義》、《紅樓夢》、《西遊記》、《儒林外史》、《官場現形記》、《金瓶梅》等數以千計的名句，早已為大家耳熟能詳，廣泛為知識份子寫作時引用；人生智慧方面，則是淬取出中國至少數百年是非成敗的人生經驗，而化為一部部鑑往知來的鉅著。

本書的寫作動機，是廣泛蒐集、過濾出章回小說中淺顯易懂、較具現代意義且發人深省之成語及俚語，並由作者針對職場人士，尤其是職場新鮮人做適當之演繹及釋義，希望讀者藉由吸取章回小說智慧之語，能在職場中無往而不利，不論身處順境或逆境皆能泰然處之。

由於章回小說智慧之語甚多，因此採系列書規劃，後續則有人際關係、政治、愛情等書。筆者衷心希望藉由本系列書籍，使讀者們能夠進入章回小說之文化殿堂。果能如此，對於提升文字駕馭能力、啟迪思想深度必皆有醍醐灌頂之效。

目錄

戰鬥力100% 教授－生存篇

職場 停│看│聽－現象篇

時勢風向球－觀測篇

站在 **制高點**－策劃篇

TOP10
防衛守則
防守篇

明是一盆火，暗是一把刀

　　職場上固然害人之心不可有，但是防人之心絕不可無。許多職位與差事，表面上風風光光，其實暗地裡卻危機四伏。能夠機警地認清各種有形無形的陷阱，並且預作防範，可以化解許多可能發生的危機。

**典故
時光機**

　　《紅樓夢》第六十五回「賈二舍偷娶尤二娘，尤三姐思嫁柳二郎」中，尤二姐與丫鬟興兒閒話家常，少不了對府內上下品頭論足一番。興兒一時話多，尤二姐嚇唬一番，作勢要告她的狀。急得興兒連忙搖手道：「奶奶千萬別去！我告訴奶奶，一輩子不見他才好呢！嘴甜心苦，兩面三刀；上頭笑著，腳底下就使絆子；明是一盆火，暗是一把刀，他都占全了。只怕三姨兒這張嘴還說不過他呢！奶奶這麼斯文良善人，那裡是他的對手！」

　　這一段話，真是把口蜜腹劍型的人物說活了。你我周圍的人，不就常見「嘴甜心苦，兩面三刀」的人嗎？

這種人表現客客氣氣，但是心裡面想的全不是這一回事。「上頭笑著，腳底下就使絆子」，背後捅人一刀不就是如此嗎？「明是一盆火，暗是一把刀」，也就是當著人面時熱絡的很，背地裡卻不知會使出什麼樣的壞點子。

二次大戰初時，德國與波蘭先行簽訂互不侵犯條約，但是不旋踵間，德意志帝國的坦克部隊便開進波蘭。戰事進行至一半時，原本與美國秋毫無犯、甚至有許多僑民在美國的日本帝國，在事先並不告知的情形下，迅雷不及掩耳的對美國夏威夷海軍基地進行偷襲。對於波蘭與美國而言，德國與日本便屬「明是一盆火，暗是一把刀」的典型。

在職場中，「明是一盆火，暗是一把刀」的人也是比比皆是，不但新鮮人分辨不易，即使是沙場老將也經常一個不留心而中了道兒。

在人方面，由於相互競爭，彼此鉤心鬥角之事在所難免。個性比較陰柔者，往往逢人滿面笑容，凡事 OK，以爭取別人的信任；一旦掌握住旁人的弱點或把柄，便暗地裡打小報告。在事方面，有許多職位或差

事，表面看來風風光光，但是其實並不討好。例如，調往不賺錢或是有問題的單位，看似升官，暗地裡卻危機四伏。受命主管人事、財務甚至資遣事宜時，看似大權在握，但是如不小心為之，很容易便得罪人或出紕漏。

　　不論是在政府機構或私人公司，由於人與事本就經緯萬端、複雜無比，因此陷阱處處在。既然身在職場這個江湖中，本身固然害人之心不可有，但是防人之心絕不可無。心中常記「明是一盆火，暗是一把刀」這句話，可以將許多劫數化為烏有。

現學現賣

☆洪顧問是一個典型「明是一盆火，暗是一把刀」的人，我們對他最好是敬而遠之。

☆各位同仁，本公司講究團隊合作，絕不容許有「明是一盆火，暗是一把刀」的人物存在。

不信直中直，須防仁不仁

貌似忠厚者未必能盡信，虎披羊皮常能騙得人團團轉，滿口仁義道德的滿街都是，但是這些人都是真君子嗎？

典故
時光機

世間事真真假假，甚至真中有假、假中存真。人亦復如此，道貌岸然者也許會作男盜女娼之事，雞鳴狗盜之徒也常有仁義之舉。連看穿世事、老於人情的老子也忍不住大聲疾呼：「大道廢，有仁義；聖人出，有大偽。」分辨好人、壞人、君子、小人，有時候真的是一件困難無比的事情。

《西遊記》第三十七回「鬼王夜謁唐三藏」，一個略有法力的全真道士，謀害烏雞國王並且搖身一變取而代之。如此弄得國王本尊分身真假難辨，因此唐僧說出「不信直中直，須防仁不仁」的話來。

世事難料，有時看來正直的人，其實禍害人間；

看似必然如此之事，其實大有文章。希特勒表面上富國強兵的愛國情操，獲得德國的多數選票與人民愛戴，但是歷史已經證明人類的浩劫，便是出自於此。毛澤東在天安門喊出「中國人站起來了」，多麼振奮人心，但誰又能料到文化大革命讓中國倒退了十年以上。強調愛國護民的前伊拉克總統海珊，在美軍攻下巴格達之後，其多座豪華奢侈的行宮又作何解釋呢？在一般市井人民中，表裡不一者又豈是少數？！

除了「不信直中直」之外，「須防仁不仁」也算是防人之心不可無的寫照。不是有這麼一句「滿口仁義道德，滿肚子男盜女娼」大家耳熟能詳的話嗎？世間有一個很奇怪的現象，愈是將仁義道德掛在嘴巴上的人，往往所作所為恰巧相反。還有一些類似的奇妙情形，例如：軍中教育不斷灌輸「主義、國家、領袖、責任、榮譽」，可是能實踐者幾希！

其實，真正有好作為的人，通常是不太會強調其所作所為。例如，有許多捐款不是以「無名氏」為之嗎？或者至少不會大張旗鼓的自我吹捧一番。真心樂善好施的人會經常將仁義掛在嘴邊嗎？

職場上，也經常充滿了看似「直中直」卻是「仁

不仁」的人與事。當你屢次希望加薪或升遷而希望落空時，也許上級會很體貼的如此安慰你：「小張，論你的才幹，這個位子早就該是你的了，我也在老闆前面幫你講了好幾次話了，可是老闆就是有意見，真是可惜。」很諷刺的，在職場上，有時說這種話的人就是背後橫刀作梗者。原因也許是這位上級並不欣賞你，也有可能是你在不知不覺中得罪了對方。

另外一種常見的情況，就是公司或單位的同事想向老闆爭取福利或提出建議時，大家都怕開罪資方而互相推讓，此時常見的一句話就出現了：「小王，你是新來的，不知者不罪，案子你來提好不好？老闆不會怪你的。」或是：「小王，你在公司的人緣最好，你就幫我們向老闆說一下，他一定會聽你的。」遇有這種情形，如果真是合理的提案，而且自己又有立場，那麼仍然可以出面。反之，則不必因為幾句好聽的話，而乖乖的被人利用。

現學現賣

☆張經理表裡不一、口蜜腹劍，我們對他早就採取「須防仁不仁」的戰術了。

☆人心險惡，每個人都應有「不信直中直、須防仁不仁」的心理準備。

經目之事，猶恐未眞；
背後之言，豈能全信？

　　辦公室中小道消息不斷屬司空見慣，也是人之常情，但是對於工作效率及眞相釐清則通常無所助益。每個人如能力求「少放消息」、「少傳消息」、「多作觀察」，那麼天下一定會太平一些。

典故
時光機

　　《水滸傳》第二十六回「偷骨殖何九送喪，供人頭武二設祭」裡，武松花了一番功夫蒐集到西門慶殺害其兄武大的人證及物證，便到官府求告。沒想到，西門慶捷足先登，早已買通知縣。知縣便對武松說道：「武松，你休聽外人挑撥你和西門慶做對頭；這件事不明白，難以對理。聖人云：經目之事，猶恐未眞；背後之言，豈能全信？不可一時造次。」

　　知縣的這一番話，當然是推託之詞，但是說來卻振振有辭。其手下的獄吏便打蛇隨棍上，又附和了幾句話道：「武都頭，但凡人命之事，需要屍、傷、病、物、

蹤，五件俱全，方可推問得。」武松被這一大一小的兩
個官吏堵住嘴，眞似啞巴吃黃蓮，有苦說不出，心中便
生出私了的想法，後來便做出了手刃潘金蓮、西門慶的
復仇手段來。

　　人的眼睛經常是騙人的，最明顯的例子就是魔
術。例如，著名的美國魔術師大衛多次表演驚人的飛
越大峽谷、移走自由女神像、身體穿越萬里長城的魔
術。但是，難道大衛眞有飛行、時空挪移、固體穿越
等特異功能嗎？當然不是，純粹是極其高明的障眼
法。如果眼見爲憑，大衛眞有此大能，那麼美國也不
必勞師動眾地揮師進攻伊拉克，只要花點錢請大衛將
海珊變走不就成了？這就是「經目之事，猶恐未眞」。
「背後之言，豈能全信？」在八卦消息當道的目前，更
是民眾在接受五花八門資訊時必須要有的信念。八卦
消息是狗仔隊或記者努力挖掘而來，當然不太可能全
是空穴來風，但是面臨交稿壓力、故事又要寫得精彩
些，加油添醋、想當然耳的情節便躍然紙上。這些探
訪難度高、又未經當事人充分證實的八卦報導，在閱
讀時不妨僅供參考，完全採信或全然不信都失之偏
頗。

　　職場上由於人性習於道長說短的心理因素，小道消息必然滿天飛。不論人事異動、調薪幅度、同事動態等，都有五花八門的說法出現。如果聽者不疑有它，勢必出現「曾參殺人」、「三人成虎」的以假亂真結果；假如聽者心中自有主張而僅作參考，那麼小道消息便無法猖獗。

　　在辦公室的環境之內，最好每個人都能作到少放消息、少傳消息、多作觀察的「二少一多」。能夠如此，眾人的耳朵便能清靜些，工作效率也能提高些，事情的真相最後也必將浮現。

現學現賣

☆小魏，「經目之事，猶恐未真。」你今天看到經理在辦公室公開責罵副理，其實是做給副總看的。

☆辦公室中小道消息充斥，大家都應該要有「背後之言，豈能全信？」的心態。

隔牆須有耳，窗外豈無人？

在辦公室獨特的文化中，其實沒有什麼秘密可言。自己的一言一行，不論是公開或私下，都會盡入他人的眼裡及耳中。即使在自認為最隱密之處，說了旁人一句壞話，小心對方都可能在最短的時間內向你興師問罪。

典故
時光機

《水滸傳》第十六回「楊志押送金銀擔，吳用智取生辰綱」中，托塔天王晁蓋、智多星吳用兩人設計，打算劫取梁中書送給其泰山大人蔡太師的十萬貫生日禮物。吳用在獻策之後特別提醒晁天王道：「休得再提。常言道：隔牆須有耳，窗外豈無人。只可你知我知。」

歷史上有太多的案例顯示，許多原本可以改朝換代、改寫歷史的行動，都是因為消息走漏而功敗垂成。往往，消息走漏的對象並不是宿敵或陌生人，而是身邊的家人、朋友、傭人等等。常言道「最安全的地方就是

最危險的地方」(有時最危險也就是最安全之所在)，在自己毫不提防之下，有時幾句心裡話就有可能種下日後的敗因。

每個人都希望留給辦公室同仁一個好的印象，可是好的印象通常不容易建立，而且很花時間；但是，讓人討厭可就容易多了。遭人厭惡最常見的一種情形，就是失言，也就是話太多了，言多必失。當然，沒有人會笨到當著對方的面講小話，但是無心之言，尤其是私下之言，常人就比較疏於防範。

在辦公室的活動範圍之內，是不是常見到以下幾種情形呢？

1. 在洗手間內，聽到張小姐與李小姐邊洗手邊數落經理的不是。沒想到一陣沖水的聲音傳來，門一打開，赫然見到經理正推門出來。

2. 小劉與小林在走廊抽煙，譏笑老許今天被老總刮了一頓。隔天老許便很生氣的走到兩人桌旁說道：「昨天你們兩個嘲笑我，是什麼意思？」

3. 小魏在電話裡面悄悄的說：「我上次寫的報告，其實是抄人家的」。結果沒多久便成為辦公室中的笑談。

4. 王科長私底下對某科員說：「我偷聽到總經理說今年調薪百分之三，但是你千萬不要向別人說啊！」沒兩天所有的同事都來問科長是否真有其事。

5. 小蔡約客戶吃飯時說：「這個案子不要給老廖，如果交給我，我會給你更多的優惠。」吃完飯剛回公司，就看到老廖前來興師問罪。

　　辦公室甚至公司內，都只是一個很小的空間，由於人與人互動頻繁，通常沒有什麼秘密可言。喜歡說人是非者，不論是公開談論或私下說說，都很容易傳入第三者的耳朵中，許多誤會與恩怨便如此造成。

　　新鮮人在初入職場時，可能會對一個現象感到不解，就是資深員工在辦公室好像話都不多，似乎人人都成了啞巴。其實，這是由於職場老將大多懂得「隔牆須有耳，窗外豈無人？」的道理。只有菜鳥在喋喋不休得罪人之際，還猶自丈二金剛，找不出理由呢！

現學現賣

☆老郭，我們在會議室中講話要小聲一點，因為「隔牆須有耳，窗外豈無人？」凡事小心一點比較好。

☆小謝，你不知道「隔牆須有耳」這句話嗎？上次你在廁

　　所裡講主任秘書的壞話，結果話傳了出去，主秘下午會找你去問話。

畫虎畫皮難畫骨，知人知面不知心

人性極其複雜、多變、奧妙，即使骨肉、夫妻、至交都有意見不合甚至反目的時候。職場上更是充滿了「畫虎畫皮難畫骨，知人知面不知心」的情形。遇到志同道合者固然可以推心置腹，但是常保「君子之交淡如水」的心態，也可以讓人在遇人不淑時容易釋懷些。

典故
時光機

《水滸傳》第四十五回「楊雄醉罵潘巧雲，石秀智殺裴如海」中，「病關索」楊雄與「拚命三郎」石秀這一對義結金蘭的好兄弟，被楊雄妻潘巧雲離間。巧雲向楊雄道：「昨日早晨，我在廚房洗脖項，這廝從後走出來，看見沒人，從背後伸隻手來摸我胸前道：嫂嫂，你有孕也無？被我打脫了手。本待要聲張起來，又怕鄰舍得知笑話，裝你的幌子，巴得你歸來，卻又爛泥也似醉了，又不敢說。我恨不得喫了他！」楊雄聽了，心中火起，便罵道：「畫虎畫皮難畫骨，知人知面不知心。這廝倒來我面前，又說海闍黎許多事。」

　　楊雄自在市集結識了好漢石秀之後，兩人英雄惜英雄，便接其至家中同住，並且資助石秀開了一個肉鋪。如今被自己的老婆挑撥離間的一番話，一時氣憤遮蓋了理智，情緒性地認為石秀這個老弟真是「知人知面不知心」。後來石秀加以隱忍，待蒐集到了所有的證據後，一切真相大白。楊雄與石秀便手刃潘巧雲與海闍黎這一對奸夫淫婦。

　　看過正史或歷史劇「宰相劉羅鍋」、「乾隆王朝」的人，想必都清楚和珅在乾隆面前的那一副逢迎拍馬、畢恭畢敬的奴才模樣，而私底下卻盡做些貪污中飽私囊的勾當。但是在幾百年前乾隆皇的眼中，不但不認為和珅是大貪官，反而可能認為和中堂才是真正能為自己辦事的能臣。如果乾隆地下有知，知道和珅一生真正所作所為，可能會大歎一聲：「朕真是知人知面不知心」。

　　在職場上，人與人相處時，何處不是「知人知面不知心」的寫照呢？當老闆當著眾人的面前稱讚你時，你知道他是真的欣賞閣下，或只是領導統御的一種方式？當屬下人前人後的推崇上級時，難道就沒有存著巴結的心理？當同事、朋友之間無話不談時，你

眞的可以確定他們一定是自己志同道合的知己嗎？

　　由於人性是多變、複雜、奧妙的，即使雙方是父子、兄妹、夫妻、知己，在遇到特殊狀況時，對方都可能會有出乎自己意料之外的舉措。從古到今，不就是發生了數之不盡的骨肉相殘、夫妻離異、知己反目的案例嗎？

　　沒有什麼人可以眞正做到「知人知面又知心」，一般人甚至可能連「知人知面」都有困難了。既然如此，人與人相處，有時眞的要抱持著「君子之交淡如水」的心態，如果眞的遇人不淑時，至少自己心理有所準備，也比較看得開些。不是嗎？

現學 現賣

☆許老師，我這一幅十二生肖圖只能畫得神似，但就是缺少幾許神韻，眞是「畫虎畫皮難畫骨」啊！

☆老蔡，我和黎專員相處十年，彼此相安無事，前幾天被他擺了一道，害我被記了一個過。現在我才了解什麼叫「知人知面不知心」了。

在人矮簷下，怎敢不低頭

　　不論是在政府機構或是私人公司上班，一定都有很多的規定與規矩，有些是合情合理，但的確也有些是積非成是；更有可能遇到假權威、甚至頤指氣使的上級。除非你有朝一日能夠手握大權而一舉改變，不然便只能順勢而為。

典故
時光機

　　　　在任何一個社會中，即使是能力再強的人，也不可能沒有低頭的時候。真正的大丈夫，絕不是萬事強出頭，而是能屈能伸。

　　話說《水滸傳》第二十八回「武松威震安平寨，施恩義奪快活林」，強者如武松之流，因為幫兄長武大郎報仇而手刃姦夫西門慶與淫婦潘金蓮，免不了臉上刺了兩行金印而發配孟州。初至牢營時早有囚徒來與武松搭話，建議他花點銀兩賄賂差撥以少受點皮肉之苦。強悍的武松並不太吃這一套，因此眾囚徒好心的勸他：「好漢，休說這話。古人道：『不怕官，只怕管』，『在人

矮簷下，怎敢不低頭』，只是小心便好。」

　　當然，眾囚徒早就知道武松是打虎英雄，健朗的身體也挨得起幾棍殺威棒。但是監獄當然是黑暗的，其中陋規不少，折騰不肯花錢消災的花招更是不少，例如，把人綑翻、塞了七竅、再顛倒豎在壁邊的「盆弔」；綑綁後以布袋裝黃沙壓在犯人身上致死的「土布袋」。因此建議武松不要逞強，希望他能夠好漢不吃眼前虧。

　　台灣有一個「人在矮簷下，怎敢不低頭」的極有名例子，當事人便是大名鼎鼎的「台灣民主之父」的前總統李登輝。其在十二年總統任內的乾綱獨斷及下台後的許多重量級言論，對照起其先前數十年在國民黨內面見蔣主席時「椅子只坐三分之一」，真是貼切無比。脫離國民黨這個「早該垮台」的「矮簷」後，李前總統果然不再「低頭」，各種「台灣應正名」、「後悔沒有將餘孽殺光光」等前後風格大不同的言論紛紛出籠，足證其當初在矮簷之下，頭是低得何其低。

　　職場是一個非常複雜的環境，不但每一個公司及單位都有其背景及規定，每一個成員也都有其主觀的看法，因此必然充滿著衝突、爭議。但是現實環境的

不變法則是：員工必須遵守公司的規定、下級必須服從上級的領導；除非你有非常好的理由、極佳的說服能力、加上明事理的主管，否則任何一個員工都無法擺脫這個法則的約束。

當然，如果你是屬於「只要我喜歡，有什麼不可以」的族群，當然可以嘗試「人在矮簷下，硬是不低頭」，但是通常的結局便是另外一句俗語「捲舖蓋走路」。不信邪嗎？試試看就知道了。

其實，「人在矮簷下，怎能不低頭」未必全是消極的意思。人在矮簷下辛苦的站了許久，也許不久後就會將簷築高；當你被公司不合理的規定折騰一番後，日後飛黃騰達時，就可以修改規章，以造福後進；如果你經常被長官頤指氣使，有朝一日飛上枝頭變鳳凰時，就做個近悅遠來的好主管吧！

現學現賣

☆你今天被總經理刮了一頓，唉！「人在矮簷下，怎能不低頭？」你就認了吧！

☆小謝被科長排擠，眞是「人在矮簷下，怎敢不低頭？」

逢人且說三分話，未可全拋一片心

職場是染缸也是江湖，每一個人都應該抱持著「害人之心不可有，防人之心不可無」的心態。許多久經官場、商場浮沈者，都歷練出「逢人且說三分話，未可全拋一片心」的世故、無奈作為。

典故
時光機

《金瓶梅》第二十回「傻幫閒趨奉鬧華筵，癡子弟爭鋒毀花院」中，西門大官人寵幸李瓶兒，每日只在她房裡過夜，如此當然惱怒了潘金蓮。丫鬟出身的金蓮當然善於察顏觀色，且工於心計，便設計對付瓶兒。

且看《金瓶梅》中的這一段文章：「自此西門慶連在瓶兒房裡歇了數夜。別人都罷了，只有潘金蓮惱的要不得，背地唆調吳月娘與李瓶兒合氣。對著瓶兒，又說月娘容不得人。李瓶兒尚不知墮他計中，每以姐姐呼之。與她親厚尤密。正是：逢人且說三分話，未可全拋一片心。」

　　三國時的諸葛亮平日以小心謹慎著名，一生中犯錯不多，京劇中「失空斬」的「馬謖失街亭」、「揮淚斬馬謖」則是其難得一見的例子。孔明一生不輕易用人，但是卻將重任托付於紙上談兵的馬幼常，結果換來的是差一點蜀軍全軍覆沒、孔明成為司馬懿的階下囚。另外，戰國時趙王在老將廉頗患病時任用其子為大將，結果造成長平之戰四十萬趙卒遭秦將白起一夜坑殺的慘況，趙國幾乎一夕之間亡國。聰明如孔明、或愚昧如趙王者，都犯了「未可全拋一片心」的錯誤，皆付出了幾乎無可彌補的代價。

　　在職場上，由於每個人個性不同、職位有別、立場互異、用心不一，要找到一個無話不談的知已誠非易事。老於世故者早就養成「逢人且說三分話，未可全拋一片心」的習慣，出發點就是有識於人心險惡。職場新兵由於識人有限，遇到口蜜腹劍的同事便容易「逢人且說十分話，未幾全拋一片心」，待吃虧後才大歎遇人不淑、人心不古。

　　結交朋友與同事，講究水到渠成。剛認識時，大家都是點頭之交；在交往一段時間後，再篩選可深交或淺交的對象；再經歷過一段時間後，才適宜選擇推心置腹的死黨。如果反其道而行，初交往便常將自己

的祖宗八代交待得一清二楚，一旦遇到別有用心的同事，便很容易被利用或陷害。

在社會這個大染缸的職場江湖中，職場新兵應該心中長存「害人之心不可有，防人之心不可無」的心態。太多有官場失意、商場失敗經驗的人們，對於防人之心不可無有特別深刻的感觸，也歷練出「逢人且說三分話，未可全拋一片心」的謹慎作法。

現學現賣

☆小劉，你初到公司，人頭還不熟。要記得「逢人且說三分話，未可全拋一片心」這句話，與同事說話時還是小心得體點好。

☆姜科長是個老好人，可是偏偏不懂「逢人且說三分話」的道理，因此常常遭人落井下石，到現在還升不上副理。

君子防患未然；觀人必於其微

　　每個人都有犯錯的時候，與其亡羊補牢，何如防患未然。任何人都要與上級、同事、屬下相處，「觀人必於其微」有助於自己作出正確的識人判斷。

典故
時光機

　　　　　　《官場現形記》第五十六回「製造廠假札賺優差，仕學院冒名作槍手」中，藩臺與制臺兩位大人，對於是否要給洋人面子，有截然不同的主張。藩臺主張不必理會洋人，但是制臺則不以為然地回道：「外國人來到這裡，我們趕他出去，不去理他，就算你是第一個大忠臣。弄得後來人家翻了臉，駕了鐵甲船殺了進來；你擋他不住，乖乖的送銀子給他，朝他求和，歸根辦起罪魁來，你始終脫不掉。到那時候，你自己想想上算不上算！古語說得好：君子防患未然，我現在就打的是這個主意。又道是：觀人必於其微；這兩人會向外國人遞條子，他的見解，已經高人一著。兄弟就取他這個，將來一定是個外交好手。」

中國人幾千年來，一直相當重視「防患未然」，最明顯的例子，就是建築世界七大文明古蹟之一的萬里長城，並曾被形容爲自月球上唯一看得見的地球人工建築。萬里長城「防患未然」的功能相當成功，自春秋戰國至明末，中國由於有了這座長城，數千年來只被異族統治兩次，其中滿清入關還是吳三桂衝冠一怒爲紅顏；眞正突破長城的只有蒙古帝國而已。

如果不曾「防患未然」會有什麼樣的後果？以令人聞之色變的SARS爲例，當「非典」肆虐大陸、香港及新加坡之際，一海之隔的台灣本該作好防備工作，但是官方振振有辭地的喊出「匪諜比病毒多」、「三零保證」的漂亮口號，結果台灣不但隨後發生醫院封院、被列爲旅遊警示區，甚至一度被世界衛生組織列入全球SARS病毒傳播最快的地區，令台灣民眾度過膽顫心驚的一段痛苦時間。

在職場上，能夠「君子防患未然」的人，可以將各種可能發生的危機降至最低的程度。例如：平日謹言慎行，以免得罪他人；小心撰寫公文及報告，免得內容出錯影響上級對自己信任的程度；小心做好品質管制的工作，就不易發生客戶要求退貨而致公司損失等等。

　　「觀人必於其微」也是職場人安身立命的利器。對於長官、上級，平日不妨留意其價值觀、好惡感，可以讓自己工作時更順利些；對同事多注意其一言一行，以決定那些人可以共事或淺交即可；對客戶多了解其心理及需求，如此便容易爭取到訂單。

　　「君子防患未然」有助於職場尖兵工作順利；「觀人必於其微」則有益於人際關係的增長。至於兩者如何拿捏及運用，真的需要在職者花費一番時間及功夫好好的體會一番，才能心領神會。

現 學 現 賣

☆此次SARS來勢洶洶。「君子防患未然」，我們應該開個會，討論一下公司應該如何因應。

☆「觀人必於其微」，我觀察張科員公出時一定會清楚交待行蹤，回公司後也不忘打聲招呼。他的這個好習慣，容易贏得同事及上級的好感，是個值得栽培的對象。

當面人情鬼

中國人講究情面，多少是非及恩怨就由此而生，當面人情鬼的習慣還要主宰中國人多久呢？

典故
時光機

「見人說人話、見鬼說鬼話」，有這種習慣的人，當然人緣不會好到那裡去。「表面上好話說盡，背後裡壞事作絕」自然也極惹人厭。「人前人後兩個樣」則也是滑頭的作法，久後必然被人看穿。類似的情形，還有一個頗為生動的講法，就是「當面人情鬼」。

《西遊記》第二十六回「孫悟空三島求方」中，孫悟空等人吃了鎮元大仙五莊觀所特產「三千年一開花、三千年一結果、再三千年才得熟。得那果子聞了一聞，就活三百六十歲；喫一個就活四萬七千年」的人參果，而且還將果樹推倒。鎮元大仙神通廣大，當然不肯甘心作罷，因此免不了對三藏師徒來個「文攻武嚇」一番，逼得孫行者只好硬著頭皮允諾還大仙一顆活樹。沙僧先

道：「不知師兄搗得是甚麼鬼哩？」一向專放冷箭的豬悟能那能放棄修理師兄的機會，遂譏諷道：「這叫作當面人情鬼。樹死了，又可醫得活？」

孫悟空有幾斤幾兩，粗中有細的師弟八戒焉能不知？此豬深知猴兒並無華佗再世的能耐，只是大聖苦於「猴在大仙屋簷下，不能不低頭」，因此只好權宜的說些鬼話應付過去，再慢慢想法子解決。

這句俚語最傳神的就是一個「鬼」字，當著人面講些有情有義的話，如果心中完全不作如是想，就有點鬼頭鬼腦，而且不是「人」所應該作的事。

在生活中，某人因為有求於人，好話說盡，但事後卻忘得一乾二淨，這就是「當面人情鬼」的寫照。又如在對方的壓力之下，只好虛與尾蛇，盡挑些好聽的話應付場面，當然也屬「當面人情鬼」的行為。

在現實的生活中，多數人在「禍從口出」的多年薰陶下，早已養成報喜不報憂的鄉愿習慣。看到朋友或鄰居的小孩，即使再調皮，也一定要說一句「你的小孩好可愛、好有禮貌喲！」。儘管遇到喜歡欺壓部屬的上司，還要將「您真是領導有方」這句話講得誠懇

無比。在社交場合只要有人介紹新朋友，免不了也要想盡辦法恭維對方一番，至於所說的話是否連自己也不相信，就是另外一回事了。

　　人與人之間的關係及交往，由於社會及文化傳統的諸多因素，多數人不只臉上戴了一個無形的面具，嘴上也經常說些場面話。老於世故者，當然會很清楚地分辨其中真真假假；社會新鮮人則常容易因為幾句好聽的話就流於自我膨脹；至於有些人不管真話、假話，只喜歡聽溢美之辭，他們的周圍環繞著許多「當面人情鬼」的人也就絲毫不足為奇了。

　　在職場上，由於大家早就習慣報喜不報憂、歌功頌德，因此一些耳熟能詳的話就出現了：「這次主管出缺，我看一定非你莫屬，先恭喜啦！」、「昨天你和老張吵架，當然是他不對，其實我也早就看他不順眼了。」、「王副總，你穿衣服真有品味，這套西裝一定是進口的名牌吧！」、「王小姐，妳真是本公司第一大美女！」。職場新鮮人一定要有一個認知，就是真正交心的人，是不太會隨便說出溢美之辭的，就好像是你與家人、好朋友之間，必然不會經常相互恭維。反之，經常相互標榜者，通常是有求於對方、或是彼此的交情還不深入。

現學現賣

☆老李每次在我面前都歌功頌德，可是背後卻常講我壞
　話，眞是「當面人情鬼」。

☆在中國官場上，大家都不喜歡當壞人，因爲「當面人情
　鬼」的作風處處可見。

口裡擺菜碟兒

　　口蜜腹劍的人很多，說一套做一套的人更是不少，這不就是口裡擺菜碟兒，能看不能吃、口惠而不實嗎？

典故
時光機

　　　　　　　　人際關係不佳的原因有很多種，其中有一種就是喜歡嘴上開「空頭支票」。例如，當上司的為攏絡下屬而常將「你好好幹，一有機會我一定想法子讓你升遷。」有些人也很喜歡逢人便說「有空我一定請你吃飯。」可是過了許久，官沒升成，飯也沒吃到。遇到這種情形，就是「口裡擺菜碟兒」。

　　話說《西遊記》第五十四回「法性西來逢女國」，三藏師徒來到了西梁國。這個國有一個不尋常之處，就是國內無分老少，盡是婦女，女王見唐僧是大唐御弟，便有意招其為夫。接著太師便前往驛館向三藏等人說媒，孫悟空心想強龍不壓地頭蛇，便假意代為允諾。太師見狀自然是三中五謝。此時，好吃成性的豬八戒豈能

放過敲頓竹槓的大好機會。便大剌剌地向太師戲謔：
「太師，切莫要口裡擺菜碟兒。既然我們許諾，且教你
主先安排一席，與我們喫盅酒，如何？」

「口裡擺菜碟兒」的字面意思，就是嘴巴上說請人
吃飯，但是卻無下文，就好似說要辦一桌好菜，但只是
光說不練，徒惹人厭。

在人際關係中，誠信是很重要的一個因素，沒有
什麼人會喜歡和一個經常說話不算數、口惠而實不至
的人交往。習於「口裡擺菜碟兒」的人，也許在短時
間內會博得同事、朋友的好感，但是只要時間一長，
小木偶的鼻子便會變長、放羊的孩子也終於被人識
穿，日後想要再彌補人際關係可就事倍功半、難上加
難了。

如果想要擁有極佳的人緣，每當「口裡擺菜碟兒」
時，更要手上備妥大餐。也就是說，實際行動要比口
頭承諾來得更為豐富，如此旁人不但覺得閣下言出必
行，更會為了額外的付出而激賞不已。例如，答應請
朋友看電影，結果順便多請一客晚餐，絕對會讓對方
有驚喜的感覺。當老媽使喚你擦桌子時，結果順便連

地一起掃，她一定會有「沒有白疼這個兒子」的窩心感覺。不是嗎？

在職場上，上級對於下屬最厭惡之一的行為，就是「口裡擺荣碟兒」。例如，你答應經理隔日即可交出一份資料，可是拖了兩、三天才交卷，那麼閣下在他的心目中必然從此歸類為「說話不算話」的黑五類名單中。又例如，當你向老闆拍胸脯保證：「老闆，您放心，我以後絕對不會再遲到、早退了！」，可是沒過幾天便故態復萌，那麼日後的升遷、加薪可能就真的與你無緣了。

現學現賣

☆小劉，你不是說一定會為公司爭取到那個大客戶嗎？結果卻被另一家公司搶走了，你真是「口裡擺荣碟兒」。

☆老張最喜歡「口裡擺荣碟兒」了，去年說要請我吃飯，到現在都還沒有下文呢！

戰鬥力
100％教授
生存篇

欲求生富貴，須下死工夫

天下沒有白吃的午餐，全世界的富豪也以白手起家者居多。人在職場中，不論是自行創業或是受雇於人，如果不夠努力，那麼富貴便如浮雲，看得見可是卻抓不著。

典故 時光機

《西遊記》第八十回「姹女育陽求配偶，心猿護主識妖邪」中，一向軟弱的唐三藏看到眼前一座高山峻嶺，心生膽怯，頓覺西行取經之苦，遂油然而生思鄉之情。在旁看穿師父思緒的悟空便奉勸三藏道：「師父，你常以思鄉為念，全不似個出家人。放心且走，莫要多憂。古人云欲求生富貴，須下死工夫。」但是三藏仍如阿斗般的繼續說著不爭氣的話：「徒弟，雖然說得有理，但不知西天路還在哪裡哩！」

孫悟空的意思是，唐三藏取完經後，雖不敢說可享榮華富貴，可是至少做了一件大功德。但是無論生富貴也好、大功德也罷，豈不聞「不經一番寒徹骨，那得梅

花撲鼻香」？如果不下一番走遍千山萬水的死工夫，如
何能有成就呢？

世界上最富有之人，當然首推微軟的比爾蓋茲，
股神華倫巴菲特也一直是名列前茅者。兩人傲人的財
富豈是憑空而來？比爾蓋茲能夠成為全球首富，所憑
藉的就是專業、創意與執著。少年時蓋茲便有電腦神
通的美譽，但是全球電腦神通何其多，為何成就都比
不上比爾老兄？因為蓋茲除了專業以外，更以創意建
立一套前所未有的作業系統及辦公室軟體，而且有非
常堅定的毅力突破重重困難。至於巴菲特不論為個
人、公司投資或是代客操作股票，過人之處在於能夠
選出有高度發展潛力的公司股票，但是又能避開高風
險的的上市公司，因此不論處於多頭或空頭市場，巴
菲特都能是股市的常勝軍，其鑽研股市所下的功夫，
並不是外人所能體會一二的。

反觀個人事業，不論是自行創業，或是受人僱
用，如希望日後能大富大貴，也必須要下足死功夫。
下什麼樣的死功夫呢？如果是自行創業，至少要符合
以下幾項要求才行：所選擇的行業是否有競爭力及未
來性、自己是否真的內行、如何壓低成本或提高售

價、如何行銷及吸引消費者的青睞、如何做好品質管制及建立品牌形象等。

　　如果是一般的上班族，也至少要下足以下的功夫：能否適度的犧牲個人及家庭生活以便全力衝刺、自己是否夠專業、人際關係是否良好、對公司或單位的向心力是否足夠、有沒有創意及毅力。

　　俗話說，天下沒有白吃的午餐。但是現今的社會中，職場新鮮人往往在家是天之驕子，一入職場莫不希望「錢多事少離家近」，許多到大陸投資設廠者比較兩岸的年輕職員工作態度及能力，也莫不感歎再三。台灣經濟實力下降與年輕一代好逸惡勞，已有串連成惡性循環的趨勢，成為未來台灣經濟發展的一大隱憂。

現學現賣

☆各位在座的同仁，你們將來都有機會當次長甚至部長。可是「欲求生富貴，須下死功夫」，現在如果不努力工作，就不會有美好的明天。

☆曹副總很早就懂得「欲求生富貴，須下死工夫」的道理，因此在短短的十幾年之中，他便由新進員工一路升至副總經理的職位。

當著矮人，別說矮話

　　每一個人必定都有缺點、秘密、把柄、傷心事，最怕遇到哪壺不開提哪壺的人。有些人，不知是無心或是故意，專門挑些別人刺耳的話講。職場上如果有這種「烏鴉」，必然讓人聞之如遇SARS而退避三舍。

　　　　　　　　在《紅樓夢》第四十六回「尷尬人難免尷尬事」中，鴛鴦因要被大老爺納妾，心裡並不願意，遇到前來報喜的嫂子，一時怒火中燒，遂將嫂子罵了一頓。由於襲人、瓶兒均是小老婆且正在旁邊，因此嫂子拉下臉來說：「當著矮人，別說矮話。姑奶奶罵我，我不敢還言，這二位姑娘並沒惹著你，小老婆長，小老婆短，人家臉上怎麼過得去？」

　　矮子並不是本身願意的，誰都希望自己生的高大英挺，當然就不喜歡別人當著面說自己矮。「當著矮人，別說矮話」可以引申的情形太多了，例如，別人醜、窮、笨等，就不必當著他人面前刻意提這些字眼了。

　　在人際關係上，會不會說話、說話是否得體，是非常重要的因素。歌功頌德固然失之於矯情，可是盡挑些不吉利的話，更是為人處世的一大禁忌。

　　試想，如果你沒事向同事張三說句：「喂，你女朋友個子真高，足足比你高了半個頭。」請問，張三會認為你是在讚美還是挖苦？如果閒來無聊，向李四丟了一句話：「李四，你昨天被局長罵了一頓，糗了吧？」就算李四當場不飽以老拳，不將你這句話記個半年一載的才怪。更要命的是，如果你不知那根筋不對，突然在辦公室當著同仁的面說：「王五，你的頭禿得和燈泡一樣亮，辦公室都不用開燈了呢！」不用說，包你結下了一個仇家，而且不是普通的仇家。

　　除了說別人身體上的小缺點令人厭惡之外，在公開場合談及他人的秘密或傷心事，一樣令人反感無比。例如：「我告訴你喔！老蔣以前追女孩子五、六次都槓龜，這次他追陳小姐，我看是沒希望了。」如果有人說了這話，下班發現車胎被放氣，八成就是老蔣下的手。又如：「老蔡這個人沒什麼不良嗜好，就是下班後喜歡喝個花酒，沒事去賭兩把而已。」不用說，這個樑子準結得比摩天大樓的樑柱還結實。

　　在人與人的關係上，要交個知心朋友，真是大不易；但是要得罪人，卻是容易的很，只要隨便說個幾句風涼話，保證今生朋友做不成。

　　如果你夠聰明，不但要「當著矮人，別說矮話」，更要「當著吉祥人，便說吉祥話」。例如，當同事記功嘉獎時可以來句：「老魏，真高興你記了一個大功，這件事你做得真是漂亮沒話說，佩服佩服。」只要你是真心誠意，對方一定會欣然接受。如果朋友中了彩券，你不妨說：「恭喜你，趙老大，手氣不錯哦！一定要請我吃頓飯哦！」這句話遠比「趙老大，你真是走了狗屎運，我買得比你多，居然連兩百塊都沒中，真衰！」來得讓人舒服多了，不是嗎？

現學現賣

☆「當著矮人，別說矮話」。你當著李小姐的面說人個子矮，不是讓她難堪嗎？

☆你明明知道他們夫妻吵架，還說風涼話。難道不知道「當著矮人，別說矮話」嗎？

巧者多勞拙者閒

　　職場上的工作分配經常是不平衡的。儘管眾人的薪水、職位相去不遠，但是能力佳者常被賦予較多的工作；能力拙劣者則常賦閒。日子一久，兩者在公司的地位、際遇就會大不相同了。

典故 時光機

　　《西遊記》第四十六回「外道弄強欺正法，心猿顯聖滅諸邪」中，孫悟空先後擺平了虎力、鹿力，接下來要與羊力比下油鍋。行者脫了布直裰，褪了虎皮裙，將身一縱，跳在鍋內，翻波鬥浪，就似負水一般玩耍。正當潑猴展露真功夫與羊力較勁之際，在旁「英英美代子」的八戒閒來無事，咬著指頭對沙僧說：「我們也錯看了這猴子了。平時間劇言訕語，鬥他耍子，怎知他有這般真實本事！」孫大聖一聽當然心生不平，心中想道：「那獃子笑我哩！正是巧者多勞拙者閒。老孫這般舞弄，他倒自在。等我作成他綑一繩，看他可怕？」

在整個取經的過程中，八戒一向是「口頭派」的人物，風花雪月說了不少，一碰到妖魔鬼怪便推給師兄，不正是能力拙劣者喜歡偷閒嗎？美猴王則恰好相反，平時恭謹服侍師父，還要防著八戒暗地傷人，遇到強敵更要挺身而出，豈不是乖巧者反而是勞碌命嗎？

政壇上經常可見「巧者多勞拙者閒」的案例。同是泛藍領袖的連、宋兩人。連戰掌管的國民黨，論組織、人力、資源，都遠比親民黨龐大許多。可是乍看之下，新聞報導只見宋楚瑜一下子臧否時事、一下子下鄉探訪民情，看似忙碌不已；而連戰則始終老神在在，對於泛藍陣營與執政的許多紛爭及互動，均不見他「老人家」出面。

泛綠陣營亦復如此，陳水扁總統任命的幾任行政院長如張俊雄、游錫堃，遇到許多重大施政或爭議如核四、公投、SARS、機場捷運、教師及勞工走上街頭等等，處處可見總統府介入的影子，行政院長的角色反而並不突出。

相對而言，論能力、手腕、靈活度，宋楚瑜、陳水扁都屬「巧者」，而連戰、張俊雄、游錫堃則較屬拙

者。他們之間的互動，不也正是「巧者多勞拙者閒」的一種寫照嗎？

職場上更是常見「巧者多勞拙者閒」這種情形。例如，同在一個單位，能力高強者甚受主管器重，重要的工作一肩承攬；而能力低下者則只被賦予一般性的工作，相較起來自然輕鬆不少。另外一種情形，則是某甲自認才高八斗，凡事搶著做；某乙自覺能力普通，稍遇困難的工作便退避三舍。

在正常的情形下，「巧者多勞」是一件好事，只要事情做得好，自己在公司的重要性便會慢慢建立；「拙者閒」則是一項警訊，沒有任何一家公司喜歡任用閒人，日子一久，飯碗便大有問題了。

現學現賣

☆經理將重要的工作都交給小許，小事交給老蔣，這真是「巧者多勞拙者閒」啊！

☆倪秘書，你這麼能幹，老闆什麼事當然都交給你做。不要抱怨了，這叫做「巧者多勞拙者閒」。

柔軟是立身之本，剛強是惹禍之胎

不論是為人處世或是身在職場，身段柔軟絕對是獲取絕佳人際關係的不二法門；態度剛強或可滿足個人的權威欲望，但是犧牲的卻是人望與人脈。

典故
時光機

《水滸傳》第二十四回「王婆貪賄說風情，鄆哥不忿鬧茶肆」中有一段西門慶與潘金蓮你來我往的風情話。明明武大郎遠配不上金蓮，可是西門慶總不好說破，只得說些口是心非的話。潘金蓮說道：「他是無用之人，官人休要笑話。」西門慶回了一句：「娘子差矣！柔軟是立身之本，剛強是惹禍之胎」。眾所周知，石比水硬，可是時間一久，滴水便可以穿石。

在當前台灣著名的政治人物中，身段最軟者，台北市長馬英九絕對名列前茅。不論其它政黨人物如何辱罵、中傷，小馬哥鮮少疾言厲色，而是以四兩撥千金的方式，凸顯對方的霸道與無理。因此，無論民進黨重量級人士如何想盡辦法批評馬帥哥，可是他的民

調滿意度始終就是居高不下。這也使得他從早幾年法務部長下台後聲言絕不參選台北市長的落寞處境，演變成國民黨中生代的中流砥柱，甚至可能成為未來國民黨代理主席及公元2008年的泛藍陣營唯一總統參選人。以此觀之，馬英九也真不愧是「柔軟是立身之本」的最佳代言人之一。

至於政壇身段最硬者，恐怕有許多人會公推現在的「台灣民主之父」、未來可能成為「台灣民主共和國之父」的前總統李登輝。由於近年來「中共是土匪」、「參訪康乃爾」、「發表兩國論」、「發起台灣正名運動」等等強硬的言論，雖然有待未來的學者專家作歷史的定位，但是從現實面上來看卻也符合「剛強是惹禍之胎」，至少中共幾度文攻武嚇、老美的強烈不滿、台灣族群的不安等已經發生的現象，確實與其言論、作風脫不了干係。

在職場上，不論職位高或低，身段柔軟、態度溫和不但容易贏得同事的好感，最起碼絕對不會因此而得罪人（除非是惺惺作態或是言行不一）。作風剛強除了適合於極少數的危機處理模式外，通常容易招致人們的反感。

　　職場新鮮人比較理想的人際關係模式不妨是這樣：立場堅定、身段柔軟、處理彈性。例如，對於自己負責的業務在與公司同仁討論時，一定要有堅定的主張；在說明及溝通時切記態度溫和；遇有爭議時則多參考各方意見而做出更具效益的折衷。能夠經常如此，必然能令上級、同事另眼相看了。

現 學 現 賣

☆「柔軟是立足之本」，難怪執行長的人緣如此之佳。

☆王襄理，早就向你說過「剛強是惹禍之胎」。你看，這下子把客戶都得罪光了。

世事洞明皆學問，人情練達即文章

在職場上，如要有一番作為，洞明世事、人情練達是很重要的學問。前者可以讓人做出較正確的判斷，後者則有助於人際關係。更重要的是，這兩者會使人的一生更為圓滿有為。

典故
時光機

《紅樓夢》第五回「賈寶玉神遊太虛境，警幻仙曲演紅樓夢」中，提及賈寶玉看到了一副對聯「世事洞明皆學問，人情練達即文章」。這句話有很深的人生哲理在其中。

人在官場、商場中，所憑藉的無非就是學識、經歷兩者，而且兩者應相輔相成，並行不悖。有學識、無經歷，便不容易走出象牙塔中，常人所說的「在辦公室吹冷氣做決策」便是如此；有經歷、無學識，也易於陷入不學無術的泥淖中，常人所說的「外行領導內行」就是如此。

　　春秋戰國時百家爭鳴，儒、道、墨、法四家的學說更影響了中國人生及哲學思想數千年而不墜。傳奇人物老子儘管身世如謎，如何來、怎麼去皆如幻似虛，但是其短短的道德經五千言，其中高深的人生哲理至今鮮少人能完全參透。諸如「聖人出，有大偽」、「大智若愚」、「欲取先予」、「光而不耀」等諸多說法，無一不看透人生，誠可謂「世事洞明皆學問」。

　　曾問禮於老聃的孔子，在漢朝獨尊儒術後，其思想遂成為中國人為人處世的主流。不論是「天地君親師」、「不語怪、力、亂、神」、「言忠信，行篤敬」、「以德服人」等諸多主張，都針對人情世故而出發，因此亞聖孟子以「聖之合時宜者」形容其師法的孔丘。記述孔子一言一行及思想的論語，也處處皆是「人情練達即文章」。

　　在職場上如要出人頭地，或是至少平平順順，有兩大基礎，一是學識，二是為人。學識易得，為人卻難成。衡諸當前官場及商場上領袖群倫的人物，學有專精者比比皆是，但是洞明世事、人情練達者卻如瀕臨絕種動物般的稀少。尤有甚者，以政壇而言，似乎更是反其道而行，愈是在上位者愈是世事未洞明、人情不練達。

欲洞明世事，不能只憑學識，而要多靠智慧。多觀察、勤學習、常思考，可以讓自己看這個世界更為透澈。人情練達也是書本中絕少提及，要靠進入社會後從諸多的波折起伏中體會及領悟。

學習到了洞明世事的學問，可以讓人看清楚事件的來龍去脈，並做出較為正確的決策。練就人情練達的文章，有助人們掌握人性心理及互動模式，為人處世為所當為。

現學現賣

☆廖總經理為人處世、領導統御皆有過人之處。其一舉手、一投足都可謂「世事洞明皆學問」。

☆本公司電腦部門的新進同仁都是各國立大學剛畢業的高材生，希望你們都能明瞭「人情練達即文章」的道理，多多學習職場上為人處世之道。

操心怎似存心好，爭氣何如忍氣高

　　人一旦遇到危難，當然會「操心」，但是常易心浮氣躁、手足無措，何如「存心」更好，冷靜的思考化解之道；人如果遇到不平時，當然想「爭氣」，但是常易與人口角、化友為敵，何如「忍氣」較佳，讓自己的氣度贏得他人的尊敬。

典故
時光機

　　在《西遊記》第八十一回「鎮海寺心猿知怪，黑松林三眾尋師」裡，行者發現一個妖精，想當晚便前去捉拿。一向息事寧人的三藏又犯了老毛病，向悟空說道：「徒弟啊！我的病身未可，你怎麼又興此念？倘那怪有神通，你拿他不住，卻又不是害我？」大聖心高氣傲的回敬：「你好滅人威風！老孫到處降妖，你見我弱與誰的？只是不動手，動手就要贏。」三藏急忙扯住道：「徒弟，常言說得好：操心怎似存心好，爭氣何如忍氣高」。

　　唐三藏一貫的想法是「多一事不如少一事」，「我

不犯妖怪，妖怪不犯我」。但是他不知的是，他原本是金蟬子化身，其肉被吃一口便能益壽延年，各路妖怪豈會平白放過千載難逢的好時機？而運用在職場上，這句話又別具有其他的新含意。

三國時代吳國兩大台柱周瑜、魯肅，儘管周公瑾才華洋溢、風流倜儻，鋒芒掩蓋老實篤厚的魯肅，但是在行家的眼中，兩人政治判斷的高低相去不可以道理計。

周瑜凡事喜歡「爭氣」，與孔明鬥智氣得不假天年，最後留下「周郎妙計安天下，賠了夫人又折兵」的笑話。魯肅可就不同了，他看出如要三國鼎立，吳蜀絕對是脣亡齒寒的共存共榮關係，以劉備根基未立，借荊州供其發展，其實對吳國反而是好事。外表看來，魯肅處處對蜀「忍氣」，似是軟弱了些，有識者反而認為魯肅是東吳具有遠見的政治家。後來，魯肅一死，三國關係丕變，待孔明一亡，三國當然就是魏及司馬家族的天下了。

有大將之風者，遇有危機時，通常老神在在，不會慌了手腳，這就是「操心何如存心好」。例如，當公司一筆大訂單取消時，與其哭天喊地、懷憂喪志的

「操心」，不如「存心」的冷靜找出原因，試著是否能夠挽回，或是設法增加其它的訂單。

在公司中，與其和老闆、同事計較、「爭氣」，不如「忍氣」來得有智慧。如果是對方錯，真相遲早會大白，對方通常也會適度的表達歉意；如果是自己錯，那麼更證明自己當時忍住一口氣是對的。當然，忍氣並不代表示弱，更不意味著低人一等，而是顯示自己的修養、忍讓。時間一久，旁人就會心悅誠服。

「存心」看來似乎有些消極，「忍氣」更易讓人感覺懦弱。但是只要有後續的作為，「存心」可以力挽狂瀾、否極泰來；只要事後證明自己是對的，「忍氣」不但可以贏得友誼，更可以證明自己有大將之風。

現學現賣

☆張處長，領導統御講究「操心怎似存心好」。有時候你對屬下管得太多，大家做事反而不方便，也會影響效率。

☆小邱，我知道你今天被老闆娘「海K」了一頓，心裡當然不舒服。但是一定要記住「爭氣何如忍氣高」這句話，與老闆娘吵架對你不會有好處的。

與人方便，自己方便

　　辦公室中講究團隊合作、患難與共。有時略施小惠、與人方便，不但容易贏得友誼，工作上也會有助益。反之，特立獨行、自私自利者通常都是團體中被冷落、排擠的對象。

典故 時光機

　　《西遊記》第三十回「邪魔侵正法，意馬憶心猿」中，沙僧被黃袍老怪捉拿住，並被迫與寶象公主對質。沙僧心想千萬要保護公主，因此拼命爲公主開脫，並矢口否認公主曾托三藏帶信給寶象國王。那黃袍怪一聽沙僧振振有詞，便以爲錯怪了公主，遂向公主賠了不是。公主也不再生氣，而回心轉意道：「郎君啊，你若念夫婦的恩愛，可把那沙僧的繩子略放鬆些兒。」老妖聞言，即命小的們把沙僧解了繩子。沙僧心中暗喜道：「古人云與人方便，自己方便。我若不方便了他，他怎肯教把我鬆放？」

　　沙僧落在兇狠的黃袍怪手中，能不被處死就已是萬

幸，焉有被鬆綁的道理？但是他替公主開脫，讓老怪轉嗔為喜，也讓公主有機會為沙僧求情。這豈不是「好心有好報」、「投桃報李」？也可說是「與人方便，自己方便」。

在《三國演義》中，曹操做了一件「與人方便，自己方便」的划算大買賣。關雲長在下邳遭曹軍四面圍住時，原本除了力戰而亡之外別無他途，但是曹操愛才心切，不忍看到關公戰死沙場，因此指派張遼前往說降。在「上馬一提金、下馬一提銀」的優渥待遇下，關公回報了兩次，一是斬顏良、誅文醜，二是華容道上義釋曹操；前者讓曹操除了袁紹這個心腹大患，後者則保住了曹操的老命，否則三國歷史勢將改寫。

在職場上，「與人方便，自己方便」真是實用無比。例如，同事臨時有事，幫他代個班，雖然只是小惠，但是可能從此就交到一個死心踏地的好朋友；偶爾讓同事搭個便車，也常會讓人感激不已；甚至代接電話、留張紙條，也會贏得同事的好感，日後可能便會有意想不到的回報。

當然，辦公室中也常有「與人不便，自己不便」

的例子。眞的有些人個性頗爲奇特，凡事總喜歡說
「不」，不論有事請教或請他幫忙時，一副愛理不理的
模樣。這樣的人，久而久之，必然人人敬而遠之，人
際關係既差，工作之不順利也可想而知。

　　職場上講究的是團隊合作、患難與共。「與人方
便，自己方便」不但對自己有益無害，對整個公司團
隊的相處氣氛、競爭力也皆有助益。特立獨行、自私
自利的人，永遠是團體中被冷落、排擠的對象。

現學現賣

☆老程，你前天順路開車送張秘書回家，昨天你身體不舒
　服，她主動幫你請病假。這正是「與人方便，自己方
　便」。

☆各位切記「與人方便，自己方便」這句話，在辦公室內
　大家相互幫忙、照應，不是很好的事嗎？

單絲不線，孤掌難鳴

職場上欲求成功，通常需要群策群力。即使自己才高八斗、學富五車，如果將周圍的工作夥伴視之如敝屣，不但工作可能有疏漏之處，而且從此以後自己的人緣必然變得奇差無比。

典故
時光機

《西遊記》第四十四回「法身元運逢車力，心正妖邪度脊關」中，孫行者見三個老道士，披了法衣，想是那虎力、鹿力、羊力大仙。下面有七八百個散眾，司報司鐘，侍香表白，盡都侍立兩邊。行者暗自喜道：「我欲下去與他混一混，奈何單絲不線，孤掌難鳴。且回去照顧八戒、沙僧，一同來耍耍。」

孫悟空儘管身懷七十二變的特異功能，但是心裡又擔心雙拳難敵四手，因此還是想找兩個師弟方才有勝算。從字面上的意義來看，線當然是由許多條絲所撚成的，區區一縷絲當然撚不成線。拍手成聲當然要用兩隻手一起拍，俗話說一隻巴掌拍不響，孤掌當然也就難以

「鳴」出聲音了。

　　隨著公元2004年的總統大選逼近，候選人的組合也出現了變化。原本自視甚高的宋楚瑜經過一番重新評估，深切了解到與連戰兩人分開競選，很可能再蹈兩虎相爭、必有一傷的覆轍，因此願意委屈擔任副總統候選人。連戰當然也深知泛藍一定只能推出一組人馬，加上宋楚瑜願意屈就，自然也樂得與他搭檔競選。這種態勢與公元2000年相比，連、宋兩人均更加體認「單絲不線，孤掌難鳴」的道理。

　　目前社會上很流行團體合作，例如「馬市府團隊」、「游內閣團隊」、「陳總統團隊」、「台積電團隊」、「台塑團隊」等，都講求組織內所有的成員團結一致，成也團隊、敗也團隊，並不只凸顯主其事者一人的光芒。即使你只是公司內小小的一顆螺絲釘，藉由與單位其它同仁共同合作，也一樣能夠創造傲人的業績，並且會有與有榮焉的成就感。

　　反過來說，職場上最怕遇到所謂的「獨行俠」，對同事的所求一概置之不理；自己遇有瓶頸時也不肯移尊就教。長此以往，不但人緣奇差無比，工作前途也自然是烏雲罩頂。

現 學 現 賣

☆這件工作你一定要和老許合作無間，你應該知道「單絲
不線，孤掌難鳴」的道理吧？

☆在張處長的字典中，絕對沒有「單絲不線，孤掌難鳴」
這句話。他做什麼事都不聽取屬下的意見，大家也就樂
得清閒了。

口說無憑，做出便見

天底下沒有什麼人會喜歡言而無信之人。輕於承諾的人也許會得到一時的方便，但究竟經不起時間的考驗。

典故 時光機

《西遊記》第四十九回「三藏有災沈水宅，觀音救難現魚籃」中，觀世音在南海普陀山蓮花池所養的一尾金魚，因每日浮頭聽經而修成手段。這魚不知是哪一日因海潮泛漲而游出蓮花池，並化為妖怪為難三藏師徒。這魚怪與八戒對陣時吹噓及形容自己的銅鎚武器為：「原來不比凡間物，出處還從仙苑名。……因我用功搏煉過，堅如鋼銳徹通靈。……縱讓他鈀能利刃，湯著吾鎚迸折釘。」意思就是此器遠比八戒的釘鈀屬害就是了。

在一旁原本無事的沙和尚看到這魚怪「膨風」過了頭，因此忍不住近前高叫道：「那怪物，休得朗言。古人云口說無憑，做出便見。不要走，且喫我一杖。」

「口說無憑，做出便見」，在政治上需要驗證的例子很多。例如，民進黨在執政後，一直高喊「全民公投入憲」、「台獨黨綱入憲」，其後泛綠陣營也不斷醞釀推動核四、加入世界衛生組織全民公投，並且發起台灣正名運動及遊行。其實，不論是全民公投及台灣獨立都不是壞事，只是國內外、主客觀的環境壓力太大，不僅是台灣本身尚未形成共識，來自於中共、美國的壓力之大也自不待言。既然執政黨及泛綠陣營自覺擇善固執而執此大纛，那麼民眾自然就睜亮眼睛看看政府如何落實。多數民眾所最不願見的，就是這些政策及堅持，最後僅成為獲取選票的口號，或是演變成族群衝突、政經不安的結局。

在職場上，老闆及主管絕對不會欣賞喜歡說大話的員工、屬下。當這些人拍著胸脯保證某些事一定沒問題時，上司相信大半，可是一旦承諾跳了票，個人失信事小，累及公司及主管可就問題大矣。不信邪者可以試試看，自己失信於長官兩、三次後，看看是否還能順利繼續待在公司裡。

與此相反的，自然就是「說話算話」甚至「一諾千金」。一旦公司主管覺得某位員工值得信任，日後有重要工作或升遷機會，理所當然的會留給值得信任的

員工。

在初入職場時，每位新進員工都站在大致平等的起跑點。每家公司的老闆及主管無不以「口說無憑，做出便見」的標準細心觀察每名員工的言行表現。在若干時日後，說話算話與言行不一的員工便會有差別極大的不同際遇！

現學現賣

☆你在執行長面前誇下海口，但是「口說無憑，做出便見」，拿出眞本事給大家瞧瞧吧！

☆董事長昨日透露七月有意大幅調薪百分之六，但是「口說無憑，做出便見」，我們不要高興過早，等正式公告貼出來之後再慶祝也不遲。

職場 停看聽

現象篇

走三家不如坐一家

　　職場上許多人以跳槽為常事，跳來跳去，有好歸宿者僅為少數，悔不當初者大有人在。

典故 時光機 --

　　現代生活忙碌，多數人都沒有太多的時間可以浪費。不論是工作、購物、休閒，最好都能找到最具效益的方式，以免歧路亡羊平白耗費精力與時間。「走三家不如坐一家」就是省時、省力而又有效率的意思。

　　《西遊記》第三回「四海千山皆拱伏」裡，描述美猴王學了七十二變的通天本領後，到處尋找一個稱手的兵器，於是來到了海龍王處。東海龍王敖廣在推薦了三千六百斤九股叉、七千二百斤方天戟後，孫悟空皆嫌太輕。無可奈何之際，龍婆、龍女忽然想到一塊天河定底的神針鐵，也就是一萬三千斤的如意金箍棒，果然令齊天大聖稱心如意。至於衣服披掛，龍王本想推拖，但孫行者硬是撂下一句話「走三家不如坐一家，千萬告求一件。」

　　孫悟空的意思是說，既然咱老孫大老遠的來到你海底龍宮，就求個方便，兵器、衣服等一干行頭全部在此搞定，免得還要到其它各處尋尋覓覓，實在太過麻煩。換句話說，只要能達到目的，與其到三家走走，遠不如就坐在一家來得省時省力多了。

　　運用至現代生活上，許多職場新兵喜歡跳槽，遇到老闆或工作環境稍不如自己意時，便勇於轉換跑道，可是時間一久，比起同期進入職場的同學及朋友，很可能稍遜一籌，此時就會有「走三家不如坐一家」的感慨。因為多數的老闆及主管通常並不喜歡晉用經常跳槽者，因為懷疑其日後的忠誠度不高及工作時間過短，甚至質疑其經常跳槽是否源自於個性不佳或是工作態度大有問題。

　　待在同一家公司或單位（坐一家），比起頻頻跳槽（走三家）通常會有幾個好處：第一、年資（包括休假日數）會累積計算，跳槽時則通常重新起算，例如，當你已有一年七天或十四天的年假時，一旦跳槽便可能化為烏有；二、薪水的「本薪」部分會不斷調高，跳槽時即使薪水一樣甚至稍高，但是可能反應在「加給」的部分，「本薪」則通常不會佔到便宜；三、熟

悉的辦公環境，包括同事及工作內容，如果跳槽則一切都要重新適應。四、遇有升遷機會時，上級主管通常會優先考慮較爲資深的同仁（除非工作表現或人緣太差），較爲資淺的跳槽者則需要排隊。

當然，凡事有原則必有例外，職場上也有「坐一家不如走三家」的案例。例如，有些人眞的是才高八斗，自然成爲同業間經常挖角的對象；所待的公司工作環境眞的太差（薪水、福利或老闆作風），學非所用，缺乏前景。遇有這些情況時，當然可以考慮換一家公司。但是，職場新鮮人要切記的是，轉換工作跑道是屬於「非常態」，而且通常只適用於少數情形及少數人；在正常的情況下，「走三家不如坐一家」會有比較好的結果。

現學現賣

☆小王，你老是將換工作當成家常便飯，可是卻換不出個什麼名堂，還是「走三家不如坐一家」，老老實實在一家公司待久一點算了。

☆先生，「走三家不如坐一家」，要不要再看看本店還有什麼您需要的商品呢？

既來之，則安之

職場上最忌「做一行，怨一行」、「人在曹營心在漢」。抱持著如此想法的人，經常會陷入跳槽不易、現職難保的雙輸困境。抱著「既來之，則安之」的想法，力求在現有工作上有所表現，不但加薪、升遷有望，外界挖角者也必然大有人在，而形成「進可攻，退可守」的雙贏局面。

典故
時光機

《兒女英雄傳》第二十三回「返故鄉宛轉依慈母，圓好事嬌嗔試玉郎」中，安公子已有妻室張金鳳，但是父母及舅母從中成全，欲要安驥娶一偏房何玉鳳。安公子便與張姑娘在閨房內討論此事。張金鳳最後問公子道：「如今我倒要請教，到底是要她呢？還是不要她呢？」安公子便頑皮地回答：「她果然既來之，則安之；我也只得因居之安，則資之深；資之深，則取之左右逢其源了。依然逃不出我這幾句聖經賢傳！」張金鳳聽了倒羞得兩頰微紅，不覺的輕輕啐了他一口。

遙想民國三十八年國民黨失去大陸江山，被迫遷台時，儘管國民政府仍不斷心想有朝一日反攻大陸，但是另一方面也抱著「既來之，則安之」的想法，致力於台灣的國防及經濟，數十年間終於將台灣經濟奇蹟的神話傳遍全球。更早之前，民族英雄鄭成功於康熙年間，也因逐鹿中原失利，而退守台灣。國姓爺儘管心懷大陸，但也抱著「既來之，則安之」，在台灣整軍經武，創造了一番新局；如非其英年早逝，現代史也許會改寫。

人在江湖，身不由已。與其經常見異思遷，還不如抱持著「既來之，則安之」的想法。在職場上，不是每一個工作機會都能盡如人意；誰都想至台積電、聯電上班，可是畢竟僧多粥少，只有極少數的人能夠如願。如果自己的能力不足，即使有幸至晶圓雙雄工作，也未必能圓滿愉快。

說話回來，在一、二十年前，有誰會想到電子公司有如此前景？台塑、南亞等公司又豈是成立之初便規模如此之大？那一家著名的大公司，不是由員工辛苦打拚多年才有今日的局面？

年輕的職場新兵，最令領導階層詬病的，就是

「做一行，怨一行」、「人在曹營心在漢」或是隨時有跳槽的打算。犯了這些毛病的人，經常會落得兩頭空，未必能如願的轉到自己心儀的公司或單位，而在現有的公司也因工作不力而度日如年，如此便造成「雙輸」的尷尬處境。

　　比較健康的職場心態，應是在現有的工作環境中，穩住定位，用心在工作上力求表現。如此一來，不但老闆賞識，加薪升職皆手到擒來。等到做出了口碑，風聲必然四處傳播，也就會有其它公司來挖角的機會，如此便是掌握了「雙贏」的優勢。

現學現賣

☆黃專員，本公司不是什麼上市上櫃的大公司，你又是留美碩士。但是「既來之，則安之」，你不妨好好的發揮所學，將來對你自己和公司都有好處的。

☆老林，雖說這次會議是批鬥大會，但是「既來之，則安之」，我們就先聽聽老總說些什麼吧！

強中更有強中手

在職場中只有「強者」、「較強者」，很難有「最強者」。即使有「一時」的最強者，也不可能有「永遠」的最強者。不論自己多麼精明幹練、英明神武；也不論職場上如何呼風喚雨，心中一定要記得「強中自有強中手」，以免棋逢敵手時，有如周瑜碰上諸葛亮。

典故 時光機

《西遊記》第十四回「心猿歸正，六賊無蹤」，一隻猛虎朝著三藏吼哮而來，初隨唐僧的孫行者正愁沒有表現的機會，彈指間就拿出碗來粗細的金箍棒照頭打下，打得老虎腦漿迸萬點桃紅，牙齒噴幾珠玉塊。諕得那陳玄奘滾鞍落馬，咬指道聲：「天那！天那！劉太保前日打的斑斕處，還與牠鬥了半日，今日孫悟空不用爭持，把這虎一棒打得稀爛，正是強中更有強中手。」

三國時有個著名的英雄氣短人物－周瑜，年僅三

十出頭便作了東吳的大都督（現在的參謀總長），人又風流倜儻，更娶了連曹操都想染指的大美人小喬，赤壁之戰更是出盡了鋒頭，一時之間真是天下無雙。奈何赤壁戰後，收回荊州的戰事極其不順，謀略處處被孔明比下去，還被人譏笑為「周郎妙計安天下，賠了夫人又折兵」。而嘔心泣血、行將就木之際，只能在病榻上發出「既生瑜、何生亮？」的不平之鳴。如果周公瑾當時能想得開些，了解「強中自有強中手」的哲理而持盈保泰，三國後半段的歷史想必會有改寫的空間。

現代版的「強中更有強中手」也頗為精采。台灣著名的四大公子由連戰發揚光大，可是一旦碰到宋楚瑜，便稍遜一籌；老宋工於心計，施政績效也不錯，偏偏老天賜他一個「台灣民主之父」硬是橫加作梗；民主之父雖然呼風喚雨，但是仍然處處受老美的牽制。

再如，陳水扁雖然貴為總統，加上身兼民進黨主席，一手掌握台灣的政、黨、經、軍等大權，但是只要有人一提及馬英九，想必陳大總統便渾身不對勁。台灣的半導體之父張忠謀掌握了科技島的晶圓代工行業，可是偏偏就是無法「一統江湖」，硬是出個「曹老

闆」與其分庭抗禮。王永慶的財富及石化工業傲視台灣數十年，可是蔡萬霖硬是比他有錢；蔡氏家族雖然是台灣的首富，可是在亞洲一旦比起李嘉誠，又不免低了一截；長江實業的財力儘管稱霸亞洲，但是一比起微軟企業的比爾蓋茲，又不免小巫見大巫。眞可謂「強中自有強中手，一山自比一山高。」

一般勞工階級盡本分做事，升官發財或許可以循序漸進，最怕的是許多天資聰慧的人，認為世界之巔僅存在自己的腳下，於是凡事都要與人比個高下，最後常落個「人比人氣死人」的下場。放寬心懷，走自己的路，追求自己的終極目標；虛懷若谷，才能含納百川。即使不是站在最高點，但追得自己的目標，不就是最大的成功嗎？

現學現賣

☆小朱，雖然你是台大電機系的高材生，但是要知道「強中更有強中手」，千萬不可以目中無人。

☆老闆，這件案子本來我以為會手到擒來，沒想到「強中更有強中手」，居然被對手公司的姚經理搶走了。

告人死罪得死罪

職場上同事相處並非經常平靜無波，相互猜忌、指責之事時而有之。能夠不公開指控固然最好；如果基於公司及個人利益而必須提出檢舉、指責時，一定要充分掌握證據，並且抱著對事不對人的態度，如此才能不落入「告人死罪得死罪」的結局。

典故時光機

《西遊記》第八十三回「心猿識得丹頭，姹女還歸本性」中，孫行者在女妖的老巢中赫然發現李天王、哪吒三太子的牌位，而懷疑此妖女是李靖之女、哪吒之妹，因思凡下界而假扮妖邪將三藏攝去，因此打算逕上天堂在玉帝前告個御狀。但是粗中有細的豬悟能好似更為洞悉人性世情，因而質疑道：「哥啊，常言道告人死罪得死罪。須是理順，方可為之。況御狀又豈是可輕易告的？」

熟悉天庭運作的天蓬元帥，當然知道官官相護的道理。托塔天王父子三不五時的與玉皇大帝碰面，雙方不

但是君臣，更是老朋友了，俗話說「朝中有人好做官」，玉皇那裡會隨便地捨天王而就弼馬溫呢？八戒擔心這隻潑猴一旦不識相地告了御狀，即使李天王獲罪，美猴王恐怕也會被倒打一鈀。

令民眾印象深刻的「舔耳風波」事件，不但令前衛生署長涂醒哲蒙受不白之冤，泛藍與泛綠陣營更為此而劍拔弩張，結果卻大出人意料之外，原來是烏龍事件一椿。原本形象極佳的立委李慶安為此而含淚道歉，但是已為她的問政之路留下一個難以磨滅的紀錄。如果能夠回首，李慶安一定會更加體會「告人死罪得死罪」的道理，在提出指控前必然會掌控更多的證據，並且與當事人充分溝通，以免到頭來落得個裡外不是人。

在職場上，無論公開、私下指責或投訴他人，都是傷人的利器，非到不得已，能免則免之。因為一旦提出指控，不管最後結果如何，對方通常會起報復的心理，而且久久難以消除。所謂「君子報仇，三年不晚」，對方何時才會找到把柄而挾怨報復，只有對方知道。

當然，辦公室內恩怨何其多，當自己頻遭欺負、

誤會或是發覺旁人有不法作為時，仍須偶有反擊、澄清、舉發之時，此時，必須掌握「言之成理」、「對事不對人」這兩個原則。

但必須對同事公開或私下進行指控時，「言之成理」就是要掌握充分的證據，而且各項脈絡要合情合理，而絕不可以有含沙射影、含血噴人的情形。「對事不對人」則是客觀的陳述對方的不是之處及自己所遭遇的處境，絕不能有挾怨報復、以私害公的情形。

同事之間互相指責、上級與下屬作風不同，都是職場上司空見慣之事。在提出指控前一定要先想清楚是否有必要、自己的立場是否能兼顧情、理、法。能夠如此，便能站得住腳；如果不是如此，便容易落得「告人死罪得死罪」的結局了。

現學現賣

☆「告人死罪得死罪」。張科長上次向總經理告密，說王經理任用私人。王經理是被罵了一頓沒錯，可是他也反咬了張科長一口，說張科長挪用公款。

☆你們如果發現公司內有任何人有不法情事，一定要踴躍檢舉，千萬不要抱著「告人死罪得死罪」的消極想法。

不如意事常八九，可與人言無二三

人生在世，充滿了不如意的逆境。與其做一個到處訴苦的弱者，遠不如做一個自我化解、勇於面對的強者。

典故
時光機

《金瓶梅》第十八回「賂相府西門脫禍，見嬌娘敬濟銷魂」中，月娘指桑罵槐地說了一段話，讓孟玉樓及潘金蓮兩人無地自容。月娘道：「如今年程，論的甚麼使的使不的？漢子孝服未滿，浪著嫁人的，才一個兒！淫婦成日和漢子酒裡眠酒裡臥的人，他原守的甚麼貞節！」作者蘭陵笑笑生怕讀者一時間未能會意，因此後頭又加了一段話：「看官聽說，月娘這一句話，一棒打著二個人，孟玉樓與潘金蓮都是孝服不曾滿，再醮人的；聽了此言，未免各人懷著慚愧歸房，不在話下。正是不如意事常八九，可與人言無二三！」

人在失意時，除了心情特別難過外，連找個人說

幾句傷心話也不容易。一方面是沒有多餘的時間、精力去聽失意者的自怨自艾之語；另一方面，即使有幾個好朋友陪在自己的身邊，可是自己的心境，除了當事人之外，外人真的也很難切身體會。

例如，曾任民進黨主席的施明德、許信良、林義雄，不但因理念不合而忍痛離開了當初共同打拼的民主進步黨，隨後又分別自總統大選、立委選舉、高雄市長等選戰中慘敗，心中之苦悶可想而知。可是他們又能向誰傾吐？找昔日戰友，恐怕許多人避之惟恐不及；找親朋好友，又實在沒有幾個人有豐富的政治素養及人生經驗，可以完全了解他們的心境，更不必提給予智慧的建議了。

「不如意事常八九」看似誇張，可是職場上的確經常充滿了挫折。被老闆罵了一頓、得罪了客戶、公文寫錯了、報告交晚了、與同事吵架、考績被打乙等、電腦中毒資料全毀、泡杯咖啡灑了一地、早上塞車而遲到、工作沒做完被迫加班……等等，這些大大小小的事情不是每日都在辦公室重演嗎？

每當遇到了不如意的事情，勇於面對、自我化解是很重要的，例如，到走廊抽根煙、中午或晚餐好好

吃一頓、下班後找男女朋友看場電影，想想非洲可憐的饑民、在家中將老闆或生氣的對象玉照射他幾支飛鏢，反正想辦法讓自己好過點就是了。如果動不動就找人訴苦，一時之間倒無所謂，時間一長保證自己絕對會成為辦公室中的「鬼見愁」。

現學現賣

☆張委員此次落選，昔日好友紛紛離他而去，他自嘲目前的處境真是「不如意事常八九，可與人言無二三。」

☆李專員，「不如意事常八九」，遇到這點小挫折其實算不上什麼，就用平常心看待吧！

上門的買賣好做

　　天底下什麼樣的買賣最好做，當然是自動送上門的買賣了。實際上有沒有如此的好事呢？不但有，而且很多；不但多，而且早已見怪不怪了。

典故
時光機

　　《西遊記》第二十八回「花果山群妖聚義，黑松林三藏逢魔」裡，黃袍老怪抓了弱不禁風的唐僧，一問之下，還有三個徒弟及一匹白馬尚未就範。小妖自告奮勇的請纓去捉拿孫悟空等一干人等，老於世故的黃袍老怪，說出了心裡的盤算：「不要出去，把前門關了。他幾個化齋來，一定尋師父；尋不著，一定尋著我門上。常言道上門的買賣好做，且等慢慢的捉他。」

　　做任何買賣，當然一定要有客戶才成。與其大搞市場調查，登門拜訪潛在的客戶，當然遠不如客戶自動上門來得容易成交。

　　台灣有什麼行業自動就有客戶上門來呢？答案是大家耳熟能詳的「國營事業」。

　　與一般公司企業營運相比，國營事業真的是得天獨厚。例如，只要是開車的，誰能夠不經常加點汽、柴油呢？過去幾十年，只要加油就非得到「只此一家、別無分號」的中油去。這幾年雖然增加了台塑石油及少數幾家民營加油站，但是原油進口、煉製仍然主要操縱在中油手中，也就是說，就算台塑希望提供更廉價的石油也力有未逮。因此，多年以前，中油公司的冗員及待遇，不斷為外界所詬病，但是政府看在中油始終能每年繳出可觀的「法定盈餘」下，也就多次網開一面了。

　　台電更是如此，誰家能不用電？除了向台電買電外還能付錢給誰呢？雖然美其名已有民營發電廠，但是這些民營電廠所發出的電力仍要先賣給台電，而且輸配電一定要經由台電既有的設備。在這種情形下，台電又怎不會是穩賺不賠的公司呢？

　　如果將交通違規罰款也當作廣義的政府營收的獲利行為看待，更是了不起的暴利。例如，在筆直而寬廣的道路上限速五十公里，測速器焉能不一天到晚閃

個不停？警察躲在暗處「有心」抓汽車駕駛人違規，保證每天都可抓到一籮筐「無心」犯小過的民眾，因此政府不斷提高每年違規罰款的收入預算。

　　至於一般公司企業可就大不同了。無論你所待的公司是電子業、金融業、傳統產業，都會有許多其它同性質的公司做強烈競爭。老闆及上級經常要求部屬多動腦筋提高公司競爭力、多做市場調查、多拜訪客戶，但是最後的結果通常絕不會比國營事業好。

　　當然，一般的民營企業，也有可能獲致與國營事業相去不遠的業績。重點是，貴公司的產品是別家少見或沒有的、產品價格硬是比同類商品低廉、商品的知名度是否高、產品的品質及售後服務是不是有一定的水準。如果閣下能夠幫助貴公司做到以上的要求，那麼客戶必然近悅遠來，也就是另一種的「上門的買賣好做」了。

現學現賣

☆那家公司與政府關係好得不得了，「上門的買賣好做」，我們公司真是沒得比。

☆保險經紀人如果真的能經常為客戶設身處地的著想，久而久之就能嚐到「上門的買賣好做」的滋味了。

人離鄉賤

故鄉的美好，唯有遊子才有最深刻的感受。職場上，不論是至他鄉工作，或是調往外地，都常因為語言、文化、工作的隔閡，而讓人有「人離鄉賤」的無奈感。

典故
時光機

《西遊記》第三十六回「心猿正處諸緣伏，劈破旁門見月明」中，三藏來到一座山寺「敕建寶林寺」，便扣門希望借宿一晚。方丈看到風塵僕僕、衣服既髒又舊的唐僧，說了幾句嫌惡的話後便掃袖而去。唐三藏聞言便滿臉垂淚道：「可憐！可憐！這才是人離鄉賤。不知是那世裡觸傷天地，教我今生常遇不良人。」

唐三藏在中土時貴為唐太宗的御弟，又肩負至西方取經的神聖任務，自然貴不可言。但是西行之路上不但屢遇妖魔鬼怪，更常遭人冷言冷語，何以故？很簡單，人離鄉賤，如此而已。

　　移民海外的人對「人離鄉賤」大都有深刻的感受。不論這些人在台灣時是如何的愜意，但是一旦移民美加等國時，只要遇到了金髮碧眼的白種人，頓時便矮了一截，欲打進當地的社區、社交圈更是難上加難。這些人在台灣也許忌憚於兩岸緊張關係或生活品質不佳，但是到了歐美先進國家卻又遇上語言、工作及人際關係上的諸多困難，常有進退兩難的尷尬感覺。

　　政府自民國三十八年遷台以來，許多由大陸跟隨政府來台的各省人士也有「人離鄉賤」的強烈感觸。這些人不論是軍中將校、企業主、或者是阿兵哥、販夫走卒，來台後也都發生諸多適應上的困難。即使來台數十年，依然對大陸故鄉念念不忘，一有餘力便回鄉探親。如果不是「人離鄉賤」的因素作祟，又豈會如此？

　　在職場上，因工作的關係而調至他鄉是司空見慣之事，遠者奉調海外，近者則在台灣南北奔波。如果一旦「中獎」外調，就務必有「人離鄉賤」的心理準備。初到一個陌生之地，人際關係、工作環境、風俗民情都不比故鄉，一切都需要花時間重新適應，這絕不是公司補貼薪水、提供房舍可以取代的。

　　如要破除「人離鄉賤」的魔咒，最好的破解之道無非是「入境隨俗」。儘快熟悉當地語言是當務之急；了解當地文化可以儘速融入其中；主動結交朋友更可獲得人際關係上的助益。只要自己有心，也許反而會變成「人離鄉貴」呢！

現 學 現 賣

☆老蔡，恭喜你即將外放美國，但是一定要記住「人離鄉賤」這句話，因為美國雖然先進舒適，但是一切究竟不比台灣來得方便、熟悉。

☆小石，你自屏東來台北工作，但是放心，我們不會把你當外地人看，也絕不讓你有「人離鄉賤」的感覺。

好事不出門，惡事傳千里

在當前充斥八卦文化的氣氛下，稍有名氣者無論公私生活，都常被人們以放大鏡的角度觀察。即使一般市井小民，一旦稍有疏失，也容易成爲周遭人們茶餘飯後的熱門話題。

典故
時光機

《西遊記》第七十三回「情因舊恨生更毒，心主遭魔幸破光」中有一段很傳神的對話。毗藍婆菩薩一眼就認出了孫悟空，讓大聖頗感訝異。毗藍婆解釋道：「你當年大鬧天宮時，普地裡傳了你的形象，誰人不知，那個不識？」行者道：「正是好事不出門，惡事傳千里。像我如今皈正佛門你就不曉得了。」菩薩還真聽話，傻傻的接了一句話：「幾時皈正？恭喜！恭喜！」

孫悟空當年大鬧天宮雖然神氣無比，可是在改邪歸正後自然對當年的「豐功偉業」感到羞慚，但無奈的是當年的「威名」早已「遠播」了。而另一方面，如今奉

佛祖、觀音法旨保護三藏取經是天大的好事，但是居然
連毗藍婆菩薩也毫無所悉。用「好事不出門，惡事傳千
里」來形容，真是再貼切也不過了。

　　古今中外諸般事件真的大多印證「好事不出門，
惡事傳千里」這句至理名言。遠的不說，報紙會用多
大的篇幅刊登孝行楷模的名單及事蹟、修橋鋪路等善
舉，又有多少人會記憶猶新。可是，鄭余鎮與「天下
掉下來的禮物」不就是因為大幅報導而成為街談巷議
嗎？章孝嚴與王小嬋之間撲朔迷離的關係，也是當時
的焦點新聞，逼得這位黨政要員不得不消聲匿跡好一
陣子。

　　久於世故者，不論在官場或商場都有一個感觸，
做九件好事還抵不上一件錯事。平常盡心盡力、夙夜
匪懈，能不能升官發財仍是未知數，但是簽錯了一紙
公文、一句話得罪了老闆或客戶、一筆帳算錯了，不
但先前的努力絲毫派不上用場，甚至連烏紗帽都會被
摘掉。

　　人性的心理有時真的很奇妙，也很兩極化，對於
他人的貢獻經常只用「顯微鏡」看兩眼了事；可是對
於錯誤之處則迫不及待的拿出高倍數的「放大鏡」細

細觀察，連蛛絲馬跡也不肯放過。至於「得饒人處且饒人」這句話則早已供在「忠烈祠」裡讓人憑弔了。

即將成為社會棟樑、國家主人翁的職場新兵們，不妨抱持著這樣的心態：「好事多出門，惡事適可止」。對於同仁間的努力及貢獻，可以毫無保留的推許及宣揚；對於他人的惡事，自有公司及公家的公斷，自己不必推波助瀾。對自己而言，有好事可以適度說出，但絕不可加油添醋，更不能影射他人的無能；至於惡事則竭力免之，如果不幸發生而廣為流傳，也要力求鎮定及自省，千萬不可以因此而憤世嫉俗。

現學現賣

☆薛科長，你為政府做了許多事，可惜「好事不出門」，外界並不清楚。

☆王大牌，你和有婦之夫幽會的消息不但在影劇圈快速傳開來，最近更上了某週刊的封面，真是「惡事傳千里」。

不怕官，只怕管

在公司或行政單位中，不論有多少各級主管，其中與自己關係最密切、影響力最大者非「頂頭上司」莫屬。認清楚這個事實，就可以少吃許多虧。

典故
時光機

《西遊記》第二十八回「武松威震安平寨，施恩義奪快活林」內，打虎英雄武松虎落平陽，遭發配入監，面對小小的差撥豈會放在眼裡。但是老於世故的囚犯敬重他是好漢，以「不怕官，只怕管」這句話相贈。

「不怕官，只怕管」這句話眞是至理名言。總統、行政院長夠大了吧？可是不但很少人怕他們（連在總統府、行政院上班的一般員工恐怕也未必怕），甚至我們還是總統的頭家呢！

在日常生活上，一般人最怕的不是大官，而是小吏。什麼樣的小吏呢？例如，小小的一線二星警員，

開車的人就怕死了。只要警員在路邊帥氣的一招手，不管閣下是企業主或一般員工，都得膽顫心驚的乖乖將車停在路邊。當二十來歲的員警告訴你犯了一個芝麻小錯而準備開單時，閣下保證會拿出和珅伺候乾隆皇的嘴臉，求爺爺告奶奶般的請求警察高抬貴手。不信嗎？下次你開車或坐公車時往路邊多看幾眼就知道了。

　　稅務機關的查稅人員通常也是職等很低的公務員，但是只要其所到之處，保證任何商家都一定當大爺伺候。除了公司可能會有一些逃漏稅的問題外，這些稅務稽查人員隨便挑幾個毛病，也很讓人頭痛。如果閣下硬要據理力爭，通常討不到什麼好處，因為對於稅務法令對方絕對比你熟（何況法令經常更新，更甭提政府機構的解釋令多如牛毛），而且一旦得罪對方，日後也不會有什麼好日子過了。

　　在職場上，「不怕官，只怕管」亦是金科玉律。如果你在私人公司只是個小職員，無論董事長、總經理、副總經理、經理、副理對你是好或壞，都是另一回事，重要的是你的直屬上司。即使閣下是青年才俊，只要與官位不大的頂頭上司不和，所有的上級主管通常支持的對象會是你的頂頭上司而不是閣下。公

家機構更是如此，如果你是科長，與直接主管發生衝突，更高層的主管基於行政倫理，通常會站在處長那一邊。

官場與職場都很講究組織架構與分層負責，你可以在心中對自己的直屬長官自有評價，但是基於工作倫理與好漢不吃眼前虧，一定要切記「不怕官，只怕管」這句話。

現學現賣

☆黃科長，雖然總經理很賞識你，可是「不怕官，只怕管」，你最好還是不要得罪了許經理。

☆小吳，你連老闆都不怕，卻對老婆怕得要命，真是應了「不怕官，只怕管」這句話。

冤仇可解不可結

　　在職場上，有時十個朋友對自己的助益，還抵不上一個敵人所形成的殺傷力。企業及行政單位，如果處處樹敵，經營及施政績效便容易事倍功半。

典故
時光機

　　《水滸傳》第三十三回「宋江夜看小鰲山，花榮大鬧清風寨」中，宋江救了劉知寨的夫人，身居副知寨的「神射手小李廣」花榮心甚不平，質疑宋江道：「小弟每每被這廝嘔氣，恨不得殺了這濫污賊禽獸。兄長卻如何救了這廝的婦人！打緊這婆娘極不賢，只是調撥他丈夫行不仁的事，殘害良民，貪圖賄賂。正好叫那賤人受些玷辱。兄長錯救了這等不才的人。」宋江聽了，便勸花榮道：「賢弟差矣！自古道：冤仇可解不可結。他和你是同僚官，雖有些過失，你可隱惡而提善。賢弟休如此淺見。」

　　當然，論眼光，花榮自然難與宋江相提並論。宋江能夠以區區一個押司成為梁山泊的首領，手下打點多少

個殺人不眨眼的江湖好漢,憑藉的自然是雪中送炭與有容乃大。一百零八條好漢中,那一個是好說話的?宋江如果不了解「冤仇可解不可結」的道理,梁山泊早就鬧內訌了。

兩岸分隔五十多年後,由於雙方政經情勢的演變,彼此關係不但剪不斷、理還亂,更出現時而緊張、時而緩和的特殊情勢關係。以近幾年的各執政黨領導人的政策取向、台灣內部本土化意識的高漲、加上對岸宣示主權而多次文攻武嚇的打壓,使得兩岸關係轉成對立、分離、緊張的負面關係。兩岸的領導人或團體,似乎都忘了「冤仇可解不可結」這句話。如果雙方均不能理性、和善的各退一步,那麼可以預見的,台灣經濟必然大幅倒退,中國大陸也撈不到什麼好處。

在職場上,結黨分派、相互競爭、理念不合、個性不同,都會造成雙方勢如水火的敵視心理。小者,雙方明爭暗鬥,兩敗俱傷;大者,造成內部不合,拖垮團隊。對於個人及公司兩者,都是有害無益。

就個人而言,在職場中所希望的無非是工作順利、前景光明,除了自己要有工作能力與表現外,所

倚靠的就是良好的人際關係。有時候，敵人對自己的殺傷力，絕對遠比朋友的助益來得大。

以公司或行政單位來看，要有績效，講究的是政通人和、團隊合作。公司領導階層固然要通力合作，不要做你爭我奪的內鬥示範，更要注意人事任用、福利待遇、賞罰獎懲、企業文化等作為，是否會造成內部人員的明爭暗鬥。

許多成功的個人及企業或政府組織，都了解「冤仇可解不可結」的道理。反之，職場失意、經營不善者，在怨天尤人之餘，似乎就是看不到這個癥結點。

現學現賣

☆李科長，你和張科長是我的左右手。俗話說「冤仇可解不可結」，你就看我的面子，和他和解好嗎？

☆執政黨和在野長年爭吵不休，站在民眾的立場，都希望朝野各黨體認「冤仇可解不可結」的道理，捐棄成見，一起為台灣美好的未來打拼。

世情看冷煖，人面逐高低

　　自古不論官場及商場上，人們的心理及作為總是錦上添花多些，雪中送炭少些。當然，也有不如此現實的一批人，但很可惜的，他們通常並不位高權重。

典故 時光機

　　《水滸傳》第三十七回「沒遮攔追趕及時雨，船火兒夜鬧尋陽江」，話說宋江因手刃閻婆惜而入獄，少不得要孝敬相關人等。管宋江的差撥向他說道：「賢兄，我前日和你說的那個節級常例人情，如何多日不使人送去與他？今已一旬之上了。他日下來時，須不好看。」作者吳承恩在此便以「世情看冷煖，人面逐高低」來形容。

　　古字「煖」字和「暖」通用。世間事當然有冷暖之分，人升官了，恭喜、攀附者自然多了；被冷凍了，同事則多半退避三舍，深恐被疑為「朋黨」。人面上一直也有高低的差別，總經理一定要比經理來得權

威；部長講話鐵定比科長來得大聲。病人家屬要送紅包，一定會找醫生，護士小姐則有個水果就算不錯了。世間人情千百年來不一直是如此嗎？

君不見陳水扁總統在台北市長任內，有誰知道他的掌上明珠、寶貝兒子大名？在入主國家中樞後，不但兒子、女兒的一舉一動經常成為媒體的焦點，其「金孫」從懷胎、滿月等成長過程，也都受到了眾人的關愛與矚目。但是，總統大選敗下陣來的連戰、宋楚瑜，又有誰知道他們子女結婚與交往的對象呢？這豈不是「世情看冷煖，人面逐高低」活生生的例子？

在職場上，真正高明的人，固然難免要受到「世情看冷煖，人面逐高低」的人性鐵律束縛，但更需要銳利的眼光及高明的手腕。

例如，多燒一般人不願燒的冷灶，日後更能有意想不到的回饋。在職場上，絕少人一路走來平步青雲，多數人的宦途都難免有小劫難或低潮期。任何有前途而又正遇劫難的人，正處於最落寞及低潮的時期，最需要的也就是友情及關心，如能在此時逆向的多加鼓勵、支持，雙方的友誼必然堅固無比，對方也會有患難見真情的貼心感受，日後一旦飛黃騰達，也

不會忘掉患難時的恩情。戰國時代呂不韋不就是有鑒於此，將寶押到在燕國作人質的公子政，憑此日後一躍而爲秦國的宰相及仲父嗎？

除此之外，慧眼識英雄也是很重要的！即使對方目前只是個小職員、小科員，在上級長官的眼中尚不是個起眼的人物，只要對方具有過人的見識、談吐、氣魄，放膽的與之結交，日後也不乏一個一起打拼的好戰友。

現學現賣

☆新、舊總經理交接，大家拼命恭喜新任的張總經理，卻沒什麼人搭理卸任的李總經理，眞是「世情看冷煖，人面逐高低」啊！

人無千日好，花無百日紅

　　人一生在世，除了極少數的天之驕子之外，絕少有人能夠一輩子風光而從未有虎落平陽的境況。趁著尚處順境之時，多多廣結善緣，並事先留好退路，才能「過得好」又「過得安穩」。

典故 時光機

　　《水滸傳》第四十四回「錦豹子小徑逢戴宗，病關索長街遇石秀」中，懷才不遇、空有一身武藝的石秀終於結交了豪氣干雲的義兄楊雄，沒想到楊雄雖是個英雄，但是卻遇人不淑，娶了個不守婦道、與和尚海闍黎私通的妻子潘巧雲。在得罪嫂嫂之餘，石秀不禁歎道：「人無千日好，花無百日紅。哥哥自出外去當官，不管家事，必是嫂嫂見我做了這些衣裳，一定背後有話說。」

　　千日，長短約是三年，有誰可以連續三年都志得意滿呢？百日就是三個月，再漂亮的紅花可以大紅大紫的開連續綻放三個月嗎？這當然很難。

　　大陸前幾年最風光的人物，不是江澤民與朱鎔基，也不是胡錦濤與溫家寶，而是劉曉慶等大陸新竄起的富豪。這些富豪的身價何止是一般大陸人民的百倍、千倍，即使是萬倍也不算誇張。這些富豪當初始料未及之事，是大陸在朱老總祭出「強打漏稅」大旗之前，逃漏稅是富人司空見慣之事。沒想到中共官方執法的嚴屬程度絕不下於當年香港廉政公署的鐵腕作風，因此，劉曉慶等一甘中國大陸富豪、名流一夕之間便鋃鐺入獄，連搭飛機逃往國外的機會都沒有。

　　劉曉慶主演「武則天」等多部大戲，並曾榮獲大陸金雞、百花影后頭銜，近幾年將工作重心由戲劇移轉至投資，以其豐沛的人脈及靈活的手腕，迅速累積了傲人的財富，沒想到「人無千日好，花無百日紅」，曾經財富傲人的她，現今傳出在大陸監獄中自殺、白髮蒼蒼等小道消息，令人深感人生起伏不定。

　　很奇妙的，在職場中，處於順境要比逆境時更是暗藏危機。因為人在得意時，很容易露出令人妒嫉的志得意滿、樹大招風的姿態，無處不在的競爭對手也處心積慮的尋找把柄，交心的朋友們也可能因為「高攀不上」的心態而漸行漸遠。逐漸的，身邊也許只剩下別有需求、歌功頌德之流。他日一個不留心犯了錯

或是靠山下了台，一切不但化爲烏有，甚至可能萬劫
不復。這種經驗及心境，若非身歷其境者，眞的很難
有入木三分的體會。

現學現賣

☆李老闆，「人無千日好，花無百日紅」。你所經營的傳
　統工業是不是應該稍作轉型了呢？

☆江科長，你這幾年深獲局長的賞識，但是好像也得罪了
　不少人。「人無千日好，花無百日紅」，局長快退休
　了，你應該多爲以後的處境著想才是。

登高必跌重

　　俗話說爬得愈高，摔得愈重。在職場金字塔的人事結構中，居上位者的風險其實遠高於一般職員。股東改組、政黨輪替，都會造成領導階層、政務官的大幅異動。居上位者平時宜多廣結善緣、少為不法之事安排後路，以免自己落入「登高必跌重」的宿命。

典故 時光機

　　《紅樓夢》第十三回「秦可卿死封龍禁尉，王熙鳳協理寧國府」裡，有一段頗具人生哲理的對話。可卿對鳳姐道：「嬸娘，妳是個脂粉堆裡的英雄，連那些束帶頂冠的男子也不能過妳；妳如何連兩句俗語也不曉得？常言〝月滿則虧，水滿則溢〞；又道是〝登高必跌重〞。如今我們家赫赫揚揚，已將百載；一日倘或樂極悲生，若應了那句〝樹倒猢猻散〞的俗語，豈不虛稱了一世詩書舊族了！」王熙鳳聽後便急忙請教化解之道。秦氏冷笑道：「嬸娘好癡也，否極泰來，榮辱自古周而復始，豈人力能可保常的？但如今能於榮時籌畫下將來衰時的世業，亦可謂長保永全了。」

　　素有國民黨大掌櫃之稱的劉泰英，昔日對於黨產管理、資金調度，可謂一人之下、萬人之上。但是在呼風喚雨多年之後，終於因為新瑞都案件而遭求刑，其它諸多利益輸送案亦遭一併起訴。這一跤，跌的不可謂不重，應證了「登高必跌重」這句話。

　　清乾隆年間的寵臣和珅，不但位極人臣，而且獲乾隆寵愛的程度千古難尋。在享受到權力的滋味後，和珅比起歷代一般貪官更有過之，因此在嘉慶即位後便予以抄家，民間便有「和珅跌倒，嘉慶吃飽」的順口溜。比起前朝的不可一世，相對於後來的抄家、問斬，和珅名副其實的成為「登高必跌重」的範例。

　　在職場上，不論為官或從商，所居的位子愈高，被拉下的風險也就愈高。因為任何一個公司或行政單位的職位結構必然都是金字塔型，高職位就如金字塔的頂端，並沒有幾個位子，但是居下位者便多如過江之鯽了。試問一個公司副總經理以上者，能有幾人？一個部會之中，常務次長以上者也就相當稀少了。在不進則退的法則下，這些人一旦遇到改朝換代，勢必無法降格以求，只好另謀他路。從這個角度來看，居高位者的職務調動彈性，其實遠比一般的職員、科長、經理來得窄多了。

　　既然世間常有「登高必跌重」這種現象，居高位者與其極力擋之，還不如力謀退路或轉換的契機。而在這其中務必要注意者有二：一是平日多廣結善緣、少從事不法，以免日後在退路上走得過於難看；二是安排好後路，以免一旦職位不保時，生活與工作頓時失去重心，而致終日惶惶不安。

現學現賣

☆此次董事會決定將不可一世的廖總經理解聘，而且並未安排任何退路，可見「登高必跌重」此言不虛。

☆雖然王部長此次在內閣改組中遭汰換，但還好他早已領悟「登高必跌重」的道理，因此早已談妥回大學重執教鞭的後路了。

不是撐船手，休來弄竹竿

要在職場上穩定發展，務必要實事求是，做自己能力範圍內的事情。不適合自己的工作性質、職位，勉強爲之也不會有好的結果。

典故
時光機

《官場現形記》第三十二回「改營規觀察上條陳，說洋話哨官遭毆打」中，余藎臣寫了半天的摺子，怎麼樣也寫不好，便請趙大架子過目指點一二，趙大架子便給了一些批評。余藎臣聽後頗爲心虛，想改寫也實在不知從何下筆，只得老著臉皮向趙大架子說：「這個考語，還是請你堯翁代擬了罷。不是撐船手，休來弄竹竿，兄弟實實在在有點來不得了。」

古代船夫撐船時，最重要的自然是要將竹竿使得駕輕就熟。如果使得不熟練，發生了竹竿失手滑入水中、撐了半天船卻不太動等情形時，豈不貽笑大方？既然沒有船夫撐船的本事，就乖乖的坐在船上，不要沒事學船夫玩弄竹竿。

人貴乎自知，是安身立命的重要法則。職場上亦復如此，自己的專長只在行政，就不要羨慕業務人員的獎金而輕易嘗試；在學校學的是文科，一味想往電子公司發展，又豈能如願？目前的能力只能做科長，縱使有人際關係而當到經理，不但事情可能做不好，更容易有同事在背後指指點點。

職場新鮮人要切記的是本本分分的做事，有許多工作及職位，看起來並沒有什麼稀奇，但是背後卻可能大有學問。例如，也許你會覺得公司的副總經理每天沒什麼事幹，可是按月支領高薪，自己薪水不高每天卻累如牛馬，覺得心有未甘。但是你不知道的是，這位副總經理已累積了幾十年的工作經驗，自然可以駕輕就熟；他在這一行打滾了數十載，自然也培養了極豐富的人脈，即使再複雜的事情，可能只要交代幾句話便解決了。這些都不是初出茅廬者所能體會與做得到的。

「不是撐船手，休來弄竹竿」的一個差可比擬的例子，就是前衛生署長涂醒哲，從SARS尚未在台灣肆虐時，衛生署諸多舉措如：「SARS病毒沒有匪諜多」、「遲未將SARS列為法定傳染病」、「零死亡等三零保證」等，不但看來可笑且讓人不解，更嚴重的是延誤了疫

情的黃金控制期。身爲一個稱職的衛生署長，如果事前能體察病毒快速傳播的威力，肆虐時又能站在第一線指揮若定，那麼結局就必然會大不相同了。儘管涂醒哲出身公共衛生的專業領域，作爲醫學衛生專家自無不可，但是出任行政職的政務官，在需要眼光宏觀、判斷果決、執行徹底等高於一般事務官的條件時，就難免有些力絀，這也凸顯技術官僚與政務官兩者是截然不同的工作預域。

現學現賣

☆小張，總裁交待的那個專案只有資深研究員才做得來，「不是撐船手，休來弄竹竿」，你就不要強出頭吧！

時勢 風向球
觀測篇

天有不測風雲，人有暫時禍福

　　地震、風災豈能準確預測？中獎券、出車禍誰又能事先知道？世事無常、變化多端。人雖然沒有未卜先知的本事，但是有此認知之餘，事前小心謹慎、事後妥善處理，遠勝於事前輕忽大意、事後緊張無措，凡事也可能因積極作為而逢凶化吉。

典故
時光機

　　《西遊記》第十回「老龍王拙計犯天條，魏丞相遺書託冥吏」中，樵夫李定與漁翁張稍兩人比劃詩詞後，兩人分手時意外的鬥起嘴來，雙方用詞都很巧妙，也符合對方的身份。張稍道：「李兄呵，途中保重！上山仔細看虎。假若有些凶險，正是明日街頭少故人！」李定聞言大怒道：「你怎麼咒我？我若遇虎遭害，你必遇浪翻江！」張稍不信邪地道：「我永世也不得翻江。」李定回了一句：「天有不測風雲，人有暫時禍福。你怎麼就保得無事？」

　　在公益樂透彩券的得主中，相信沒有什麼人事先

有百分之百的把握，確定自己即將是千萬或是億萬富翁；同樣的，染上SARS的不幸患者，也沒什麼人事先會知道自己的命運會是如此。

甚至，未來會不會真的有慧星撞地球（難怪古人稱之為掃把星）、兩岸會不會發生戰爭或統一、台灣會不會再度發生七級以上的大地震、台股是否可能重新攀高到萬點，也真的沒有人能有管輅（三國時代著名的占卜家）、劉伯溫的預言本事，頂多只能盲人摸象般的猜猜而已。

職場上的風雲、禍福也是變化莫測的。公司突然宣佈倒閉者有之、莫名其妙得罪人而被打入冷宮者有之、公司年終發個新台幣數百萬元的股票有之、無意中幫了老闆一個大忙而獲拔擢者亦有之。職場老將也都知道「時也、命也」的奧妙，有時候個人發展真的要靠際遇及機運，不是一般道理說得通的。

在面對「天有不測風雲，人有暫時禍福」時，可以有一些應對的態度。既然「不測」，就不要妄自揣測，寧可事事小心、提防；既為「暫時」，就不必過度憂心，靜待時來運轉。

其實，有時「成事在天」與「人定勝天」並不全

然是矛盾的，可以是相輔相成的。人雖然不能與天意、機緣抗衡，但是抱持著事先小心謹慎、事後順應趨勢的心情與態度，「天意」與「民意」便不會南轅北轍了。西諺「天助自助者」算是為此下了一個註腳。

現學現賣

☆目前水庫缺水，最近即將限制供水。但是「天有不測風雲」，說不定隨時來個颱風帶來豐沛雨量，水荒就迎刃而解了。

☆最近辦公室好壞消息都有。工友程胖子中了樂透二獎，馬專員則出了車禍，「人有暫時禍福」此言果然不虛。

勝敗兵家之常

「成者爲王，敗者爲寇」與「勝敗兵家之常」看似矛盾，其實不然。前者是結果，後者是過程。如果沒有過程中「勝敗兵家之常」的平常心，就不易有「成者爲王，敗者爲寇」的結局。

　　《西遊記》第五十二回「孫悟空大鬧金峴洞，如來暗示主人公」中，太上老君的青牛下凡發威，悟空只好請來托塔李天王率領一班戰將助陣。沒想到，這隻青牛果然眞有兩下子，把孫猴子、哪吒、火德星君的吃飯傢伙諸如六件神兵、火龍等物、天王刀、行者棒盡情撈了去，讓眾人臉上掛不住。一向長於嬉笑怒罵的潑猴只好陪笑道：「列位不須煩惱。自古道勝敗兵家之常。待老孫再去查查他的腳色來也。」

　　沒錯，勝敗眞乃兵家之常。如果閣下自覺是職場常敗之將，而頗心灰意冷之際，千萬不要忘記有一個古人比你更慘。可是此人有一個絕對比閣下高明的功

夫，就是「硬拗」，不但拗之成理，更有反敗爲勝的本錢。

　　還記得清末中興名臣曾國藩吧？此公在率兵與強悍的太平天國對抗時，由於太平天國出了幾個極其出色的農民將領而屢屢吃了敗仗，可是曾文正公硬是將「屢戰屢敗」拗成「屢敗屢戰」，而且居然繼續獲得清廷的強力支持。這位老兄最後在諸位中興名臣李鴻章、左宗棠、曾國荃等人戮力合作下（老外也湊一腳幫了不少忙），加上太平天國鬧內鬨，終於讓太平天國成爲歷史名詞。

　　如果覺得曾國藩已是青史人物，那麼尚健在人世的美國反敗爲勝艾科卡大師（美國汽車業中著名挽救企業，反敗爲勝之企業家）也是明證。艾先生不但享譽國際，甚至嘉惠台灣，豈不見「台灣的艾科卡」林信義的名號光環就是脫胎於艾公嗎？

　　在職場如果想要出人頭地，一大忌諱就是「患得患失」。就是因爲得失心太重，使得許多好的運動員臨場嚴重失常、白領階級在重大會議時語無倫次、藍領階級在工作易發生職業意外。「勝敗兵家之常」的積極意義是，從暫時的挫折中發掘錯誤與記取教訓，誠

所謂前事不忘後事之師。最終的勝利者，通常係由犯
錯誤最少的人獲得。

現 學 現 賣

☆江經理，這筆訂單流失確實是公司的損失，但是「勝敗
　兵家之常」，相信你很快會爭取到美國更大的訂單。
☆總經理，在處理這次員工抗爭事件中，我真的有疏失之
　處。但是「勝敗乃兵家之常」，我會記取教訓，下次一
　定會表現得更好。

人不可貌相，海水不可斗量

如果人可以貌相，爲什麼俊男美女少見於企業家、政治領袖、學術精英、意見領袖，而多半只集中於靠外形吃飯的影劇圈呢？

典故
時光機

《西遊記》第六十二回「滌垢洗心惟掃塔，縛魔歸正乃修身」中，祭賽國國王看到唐三藏與三名徒弟的相貌相去甚遠，大驚道：「聖僧如此豐姿，高徒怎麼這等像貌？」心高氣傲的孫大聖聽了便厲聲高叫：「陛下，人不可貌相，海水不可斗量。若愛豐姿者，如何捉得妖賊也？」

論起容顏風采，孫悟空是萬萬不及三藏，可是這隻猴子有七十二變的神通，金箍棒在手更打遍妖魔神鬼無敵手。以貌取人自然著實委屈了孫大聖。異曲同工的是，海水何其深廣，最深的馬里亞納海溝比聖母峰還要多上數千公尺，習慣陸上生活的人們如果以最大的計算容品工具「斗」來衡量，那可多麼累人，幾輩子也量不

出個所以然來。

　　在民國初年有一段才子佳人的美談。曾任北大校長的才子羅家倫，天生其貌不揚，但是以其才品終於贏得美人心，足證其美妻並沒有以貌相的標準選擇羅才子。另外，發明「四角號碼」（當時是學術及實用界了不起的大事）的王雲五，其本人苦學出身，堪稱學富五車，惟此人其貌不揚。用一般世俗的美醜觀點，很難想像貌醜如王雲五者，居然會有如此好的學問。

　　在任何一個工作環境中，俊男美女永遠比較容易吸引人的目光，甚至在工作上會佔點便宜，面貌普通甚至醜陋者通常只能靠努力工作打拼。可是有一個很奇怪且普遍的現象，就是公司或行政單位的高層人士中，通常很少有帥哥、辣妹型的面目姣好人物。

　　一個可能的原因是，潘安、西施型的人物，經常會花費不少的時間及精力在打點外型上，而且自認外型勝人一籌而自然地少了些許努力；相貌不佳者既然自知先天不如人而油然產生警戒心，只好在工作上力求表現。時間一久，高下立判，老闆在日後決定人事升遷時絕對會以工作表現為首要考量，至於人美或醜只能當成賞心悅目之事；因為識人無數的老闆們心知

肚明，工作能力絕對會比外型更有助於公司的業務發
展。

現學現賣

☆老周雖然身材五短，卻是國家籃球隊的靈魂，真是「人
不可貌相」。

☆蔣副理，這兩名應徵者一美一醜，但是「人不可貌
相」，我們仍要以學歷及資歷的高低決定錄取那一位。

遠路沒輕擔

　　人一旦走上職場這個舞台，通常沒有個幾十年是不會謝幕的。在如此長的一段人生必經之路中，必定經歷數不盡的起起伏伏、悲歡離合。凡事持平常心、經常充電進修、廣結善緣，可以讓自己在未來的道路上走得更為順暢。

典故
時光機

　　《西遊記》第八十回「姹女育陽求配偶，心猿護主識妖邪」裡，話說一妖精化身為女施主，一路跟隨三藏以便伺機下手。可是弱女子腳小，如何跟得上一行人的腳步呢？行者便向師父開了一個玩笑：「把她上來，和你同騎著馬走罷。」道貌岸然的玄奘當然抵死不從，便接口道：「教八戒馱他走罷。」懶惰但卻心思精細的八戒當然不肯，便回了句：「遠路沒輕擔。教我馱人，有甚造化？」

　　在一般的生活經驗裡，一般男人可以扛著一袋五十公斤的水泥走個一百公尺而不成問題；可是，手提著一袋只

有十公斤重的購物袋，如果走個一公里，可就要老命了。何以故？遠路沒輕擔是也。這個道理與滴水穿石類似，只要時間一久，石頭真的會被水滴穿透；路程一遠，輕擔也會變成重擔了。

　　二次世界大戰之初，論國力最強者，並非美、英，而是西方的德國與東方的日本。「沒有三兩三，不敢上梁山」，德、日兩國便倚仗著強大的軍力及經濟力，與義大利結盟成軸心國，希望能夠拿下全球而改寫人類歷史。戰爭開始，德國入侵歐洲、日本進犯亞洲所向披靡，可以證明希特勒及東條英機有所憑恃；但是隨著戰線的逐漸拉長，德國在蘇俄、日本在中國的戰事都陷入了泥淖中。這便是「遠路沒輕擔」，軸心國最後終於因為資源耗盡及美國的參戰，使得兩國分別付出分裂、接管及經濟崩盤……等至少數十年的極大代價。

　　任何一個公司行號，如欲維持數十年的發展而屹立不搖，其間不知要付出多少不為人知的辛苦及代價。即使如奇異、西屋等百年著名大企業，其中不知經歷了多少的景氣循環及風風雨雨；又不知經過多少次業務調整及市場衝擊才能夠維持至今日。

　　任何一個人在職場上打滾數十年，也或多或少經歷大風大浪的洗禮，看過多少同仁的悲歡離合，嚐盡工作上的辛酸苦辣。每一個即將或已經退休的人，一旦回想起過去數十年的點點滴滴，想必心裡頭的滋味定是五味雜陳。

　　甫離校園，初入職場不久的新兵們，當然對於工作前景可以有無限的美好想像，並且幻想未來自己飛黃騰達的美好景像。但是另一方面，年輕的工作者，也務必要有「遠路沒輕擔」的心理準備。即使自己的條件再好、運氣再佳，未來數十年的職場生涯，必定充滿著起起伏伏與諸多挑戰。充電自修、持平常心、廣結善緣，可以讓自己未來之路走得更順暢些。

現學現賣

☆「遠路沒輕擔」，你從台北開車到墾丁，一定會很累，還是我和你輪流開吧！

☆你雖然是甲組籃球隊的得分後衛，可是「遠路沒輕擔」，不知道你能不能經常打滿四十分鐘而仍然保持充沛的體力？

起頭容易結梢難

　　「有始有終」這句話誰都知道，可是結尾有時眞的很難。人世間經常是起頭容易結尾難。君不見有太多的公司開張時風風光光，可是一旦結束、歇業時因爲資遣費的勞資問題而弄得賓主關係大壞嗎？

典故 時光機

　　《西遊記》第九十六回「寇員外喜侍高僧，唐長老不貪富貴」中，寇員外接待唐三藏師徒一行人甚殷，儘管三藏起身對員外謝了齋便欲走路。那員外趕忙攔住道：「老師，放心住幾日兒。常言道，起頭容易結梢難。只等我做過了圓滿，方敢送程。」

　　寇員外的意思是，區區一餐飯實在無法代表敬意。三藏師徒既然遠道而來，而且已吃了一頓齋飯（起頭），就不如多招待幾頓（結梢）方才圓滿。

　　國際關係上有一個現成「起頭容易結梢難」的案例，便是2003年世界首強美國入侵伊拉克。美軍以強

弱不成比例的空對地精靈炸彈、地面部隊的優良夜視
設備、加上卓越的通訊與情報，開戰不到三週便「擺
平」了強人海珊及伊拉克部隊。但是，相對於速戰速
決的傲人戰績外，老美也面臨了勝利之後的諸多棘手
問題，例如，如何重整伊拉克各城市已失序的社會秩
序、如何擺平有意角逐新政府職位的各派系舊政客、
如何將未來的石油利益平均分配且不得罪國際社會
等。這些問題的處理絕對遠比當初發動戰爭來得更為
麻煩。對於美國總統布希及相關英、美大員來說，入
侵伊拉克真是「起頭容易結梢難」。

　　對於一般公司企業的老闆及大股東而言，也真的
是「起頭容易結梢難」。公司成立之初的籌集資本、申
請登記、招募員工、尋找客戶，雖然也不是容易的事
情，可是比起日後可能相繼發生的公司人事及股東不
和、營運起起伏伏甚至虧本、市場的競爭及國內外經
濟環境的變化、天災及意外的打擊等等，也常讓主其
事者有創業惟艱的感歎。

　　至於一般的受薪階級，「起頭容易結梢難」也是
工作上的大忌。試問有那一個老闆會喜歡做事虎頭蛇
尾的員工？一般員工如果在工作的過程中遭遇到了麻
煩，切忌不可草草了事，而一定要虛心的請教較資深

的同事甚至主管。有時候，自己認為「比登天還難」的問題，一到有經驗者的手中，可能只是「小事一樁」而已。只要誠心請教，通常對方不但傾囊相授（很少人會將菜鳥或實力與自己有一段距離者列為競爭的假想敵），而且更可趁此建立兩人之間的公私情誼。

現學現賣

☆這家公司因為財務報表不實而打入全額交割股，過一段時間更有可能下市，真是「起頭容易結梢難」。

☆張科長，你經常犯了「起頭容易結梢難」的毛病，每次寫來的報告愈到後面愈乏善可陳。

乍入蘆圩，不知深淺

初入職場的新鮮人，經常出現兩種極端的表現，一種是畏首畏尾，好像是長不大的孩子一般；另一種則是初生之犢不畏虎，一付不知天高地厚的樣子。畏首畏尾，通常短時間即可克服；不知天高地厚，則極可能至退休時依然故我。

典故 時光機

《西遊記》第三十二回「平頂山功曹傳信，蓮花洞木母逢災」中，多災多難的唐三藏師徒遇到了難纏的金角、銀角兄弟兩個魔頭。神通廣大的孫悟空自然不會放在眼裡，可是要不要告訴師父這個消息可就煩人了。告訴唐三藏嘛，怕他嚇得哭了；不說嘛，又怕這個唐太宗的御弟「乍入蘆圩，不知深淺」，只怕三兩下就會被妖魔撈去了。

蘆圩，就是長著蘆草的水塘，附近打魚的人家經常撐著舟討生活，但是對於地形、地物並不熟悉的外鄉人，如果要依樣畫葫蘆可就難了，因為水塘底凹凸不平，撐起船

來並非想像中容易。

職場也像是一個蘆圩，看得到的水面平靜無波，可是水面下的世界可就完全不一樣了，不但深淺不一，還可能暗藏礁石，說不定還有牙尖嘴利的食人魚呢！職場裡表面上大家各忙各的，彼此之間井水不犯河水，可是為了職務升遷、在老闆面前爭寵，勾心鬥角、爾虞我詐的行為也就層出不窮了。

初入職場的人，很容易因為「乍入蘆圩，不知深淺」而吃虧。最常見的情形，就是在家當少爺習慣了，上班時仍然沒大沒小。例如：直呼上級姓名而不加頭銜，尤其是在正式的會議中更容易逼致對方的反感；主管有事交待或同事有事情相請時，隨興的來句「沒空啦」、「待會再說啦」，多發生幾次就會很自然的成為眾人的眼中釘了。

「乍入蘆圩，不知深淺」有時也不限於職場新鮮人，沙場老將照樣會發生。一個很明顯的例子就是前華航總經理宗才怡獲政府高層賞識，獲拔擢出任經濟部長，豈料沒幾個月便被立法諸公砲轟得體無完膚，最後只好以請辭獲准作收，臨了還要形容自己如一隻「誤闖叢林的兔子」。讓人不解的是，難道事先不知道

經濟部長寶座不是那麼容易坐的嗎？如果知道卻又做不來，那豈不正是不知深淺的明證嗎？

現學現賣

☆小許一來公司便和經理頂嘴，眞是「乍入蘆圩，不知深淺」啊！

謀事在人，成事在天

世間之事有時眞的很玄妙，努力工作者未必會成功、懶散的人也有可能一夕致富。儘管比例不是太高，可是在每個人的一生中偏偏就是會親眼看見、親耳聽見許多如此的案例。在缺少解釋之餘，只好歸諸於「謀事在人、成事在天」、「機緣」、「際遇」等不可知的因素了。

典故
時光機

《紅樓夢》第六回「賈寶玉初試雲雨情，劉姥姥一進榮國府」中，家道中落的狗兒爲缺錢而心煩不已，看在岳母劉姥姥的眼中，自然也不是滋味。飽經世故的劉姥姥終究有一些積極的主張，她向唉聲歎氣的女婿出個主意道：「謀事在人，成事在天。咱們謀到了，靠菩薩的保佑，有些機會，也未可知……當日你們原是和金陵王家連過宗的……他家的二小姐著實爽快，如今現是榮國府賈二老爺的夫人。你爲什麼不走動走動？或者他還念舊，有些好處，也未可知。只要他發點好心，拔根寒毛，比咱們的腰還壯呢！」

　　回想在公元2000年的總統大選中，原本一般看好宋楚瑜，陳水扁則被認為要到下一次大選時才較有機會。就在大勢即將底定之時，果真如當時任總統府辦公室主任蘇志誠所言：「一招就叫他斃命。」隨之而來的興票案果然真的將宋楚瑜折騰得焦頭爛額，在一時無法完全交待清楚之際，選票一開出果然以高票落選。一般認為，如果不是半路殺出興票案這個程咬金，那麼當選的必然是宋楚瑜。事後宋楚瑜想必對「謀事在人，成事在天」這句話有遠深於他人的感觸。

　　在人事升遷上經常充滿了變數，例如：政府部長級人事出缺，儘管事先各方普遍看好某人或某幾人，可是最後勝出的卻另有其人。或者，公司內有副總經理出缺，同仁皆看好以能力見長的張經理，豈料最後雀屏中選的是較資淺卻有人事關係的李經理。落選者除了可以用「見光死」、「派系」自我調侃外，內心深處必然也有「謀事在人、成事在天」的無奈想法。

　　做事情亦復如此。有時明明覺得自己對某個案子下了很大的功夫，可是上級就是不賣帳，硬是退回重寫。隔壁座位的老劉寫的明明不是那麼回事，可是卻被大加讚美一番。此時捫心自問已盡力之餘，不妨就用「謀事在人，成事在天」這句話自我安慰吧！

現學現賣

☆老張努力工作十多年，人緣也不差，可是就是升不上課長，真是「謀事在人，成事在天」啊！

☆小李，你這個案子寫得不錯，可是不知道老闆是否會同意。你就抱持著「謀事在人，成事在天」的心理好了。

近朱者赤，近墨者黑

　　朋友有很多種，有交心者，也有酒肉之交；有益友，更有損友；有一時之交，也有長久的朋友。在職場上，一定會認識許多新的朋友，如何擇賢而交、遇奸而拒，不但是一門人生的學問，也會影響日後數十年的發展。

典故
時光機

　　在《西遊記》第二十二回「八戒大戰流沙河，木叉奉法收悟淨」中，豬八戒與孫悟空在流沙河大戰沙悟淨，技不如人的沙和尚施展三十六計——走為上策的溜之大吉功夫，硬是讓這對師兄弟莫可奈何。孫大聖便說：「近朱者赤，近墨者黑。那怪在此，斷知水性。」

　　想當年沙悟淨在天庭任捲簾大將時，何曾知道水性，後來失手打破一盞酒杯而被貶下凡間至流沙河，久而久之，便識得水性。

　　近朱者赤，如果你站在紅色的染缸旁，稍不小心，

衣服便會沾到紅色的顏料；寫書法、畫國畫時，幾個小時下來，手上難免會沾到黑色的墨汁。人也是一樣、容易受到周圍朋友的影響，久而久之，大家說話，做事便一個樣了。

　　古人中有一個非常了解「近朱者赤，近墨者黑」的人物，就是亞聖孟子的母親。在大家耳熟能詳的「孟母三遷」成語故事中，重點就是孟母不希望年紀幼小的孟軻被不良環境耳濡目染，因此寧願多花點心力選擇居住環境，直到遷至學校邊，方才放心地住下來。

　　在職場上，員工永遠分為許多類，有喜歡成天閒聊八卦者，與其為友便易懈怠工作；有性喜計較長短者，與之結交便易成是非之人；有埋頭苦幹者，與其相近則可以共同奮鬥；更有胸懷大志者，與之為伴，眼界自然寬廣。何者為益友？何者為損友？再明白也不過。

　　既然如此，為何世間有如此多「交友不慎」的案例出現？原因很簡單，損友特別容易交，而益友則較難尋。損友的特色是主動送上門來、逢迎拍馬、見人說人話，在初交時非常容易獲得他人的好感。而益友

則通常有話直說，不太在乎得罪人，就像好酒一般，只有在長時間交往後才散發出友情的芳香。

如果希望「近朱者赤」，就要設法結交友直、友諒、友多聞的朋友，也就是與個性正直、關懷體諒、知識豐富的人交往。如果不想「近墨者黑」，對於表裡不一、心胸狹窄、學識淺薄的人，絕對要敬而遠之，或是維持點頭之交即可。

現學現賣

☆「近朱者赤，近墨者黑」。小謝自從交到黑道朋友後，便吃、喝、嫖、賭樣樣都來了。

☆自從張先生打禪七之後，「近朱者赤，近墨者黑」，以往暴躁的脾氣真的改了不少。

站在制高點

策劃篇

退一步想，過十年看

人的思慮總有不周之處，情緒也常有起伏之時，經常「退一步想」可以讓人的思慮更周延、情緒更穩定。人們常常會對未來有不確定感，但心中抱持著「過十年看」的想法，會讓未來更有目標，也更能提升自己的眼光及見識。

典故
時光機

《兒女英雄傳》第三十六回「滿路春風探花及第，一樽佳釀醼酒酬師」中，安老爺道：「古有云：退一步想，過十年看。這兩句話似淺而實深。當我家娶這兩房媳婦的時候，大家只說她門戶單寒；當我用了那個知縣的時候，大家只說我前程蹭蹬。你看今日之下，相夫成名的，正是這兩個單寒人家的佳婦；克家養志的，正是我這個蹭蹬縣令的佳兒。你我兩個老人家往後再看著他們夫榮妻貴，子孝孫賢，那纔是好一段千秋佳話哩！」

人世間許多人與事，都要經過時間的驗證。許多企

業鉅子在白手起家，經濟不穩定的階段時，有那個大戶人家願意將自己的千金下嫁？達官顯貴在初入官場時，又有幾個上司能慧眼識英雄而盡力栽培？大家在「十年樹木、百年樹人」教育薰陶之下，退一步想，過十年看，先預先評估未來潛力，十年之後才是見眞章的時候。

回想民國六十年代的十大建設剛起步時，來自於四面八方的批評聲不斷。有人質疑以台灣多數人買不起車的情況下，有必要建高速公路嗎？更有人認爲松山機場已足夠使用，沒有必要花大錢蓋桃園中正機場。但是過了十年，高速公路及機場的實用價值便顯現出來；過了快三十年的今天，人們更無法想像沒有這些設施的日子是什麼樣子。當然，另一方面，過十年甚至數十年看，當初十大建設中，有部份設施也終究歸於失敗，顯示當初的擘畫者智者千慮，終有一失。

在職場上，「退一步想，過十年看」會讓人的胸襟、見識皆有過人之處。例如， 當某年度公司宣佈不調薪時，除了心中不滿外，也不妨「退一步想」，是否公司受景氣影響，不再那麼賺錢了。被上級責罵一

頓，除了一時氣憤外，也可以「退一步想」反省自己是否眞的有錯。

交到好朋友，不必問他是否英雄出身低，只要在心中認爲是個人物，「過十年看」所有的際遇必定不同，屆時兩人的情誼絕對不比一般。自己所待的公司，只要自己評估有前景，不必太計較目前的知名度與待遇不是頂級，讓自己與公司一起衝刺，「過十年看」便可印證自己的眼光及努力是否不差。

「退一步想」可以豐富人的思緒，從而開闊胸襟；「過十年看」可以堅定人的意志，進而增進視野，這兩者都是成功人物所應該具備的條件。

現學現賣

☆執政黨長期聯美制中共的政策對台灣人民是福或禍，「退一步想，過十年看」便可見分曉了。

☆小陸雖然只是個夜校工讀生，但是人很機靈，又懂得上進。「退一步想，過十年看」，他的前程應該大有可爲。

若將容易得，便作等閒看

世事經常如此，「若將容易得，便作等閒看」，功名利祿來得快去得也快；「不經一番寒徹骨，那得梅花撲鼻香？」，經過奮鬥而來的成果比較容易保持，也芳香、雋永多了。

典故
時光機

《西遊記》第二十二回「八戒大戰流沙河，木叉奉法收悟淨」裡，獃頭獃腦的豬八戒向師兄孫悟空問了一個何以《西遊記》可以寫成長篇大論的問題。他建議悟空駕個筋斗雲把唐三藏載到天竺不就得了，何必大家還要辛苦的跋山涉水、一來一回十多年呢？

孫行者雖是潑猴，但是在節骨眼也很明事理。他說：「師父的凡胎肉骨，重似泰山，你馱不動，我卻如何馱得動？自古道遣泰山輕如芥子，攜凡夫難脫紅塵。師父要窮歷異邦，才能夠超脫苦海，所以寸步難行也。就是有能先去見了佛，那佛若不肯把經傳與你我，正叫

做〝若將容易得，便作等閒看〞」。豬八戒這獸子聞言，便嗒嗒聽受，一路上不曾再有異議。

　　現代社會由於少戰亂及工商業發達，一般家庭都略有積蓄，很自然地便出現了新一代的「敗家子」與「敗金女」，個個花錢如流水。其中最有名者莫過於歌星鍾鎮濤的前妻章蓉舫（章小蕙）大小姐了。她能夠讓前後兩任有錢的老公皆為她破產，除了投資房地產失敗的因素之外，當然就是花錢如流水了。這位章美女的信用卡可以刷爆的新台幣數字，就不是一般市井小民所能想像的了；破產後仍能開寶馬汽車，並表示絕不會讓其子過著比以前生活品質更差的生活，這份「氣魄」與「膽識」也真有「巾幗英雄」的架勢。

　　為何章蓉舫等敗金女、敗家子能有如此的花錢本事，說穿了一點也不稀奇，不過就是「若將容易得，便作等閒看」。如果她當初下嫁的是小公務員、業務員，即使想亂花錢也不成，不是嗎？

　　除了錢來得快、去得也快之外，「若將容易得，便作等閒看」適用於其他許多種情形。如果太容易獲得俊男美女的青睞，珍惜的程度自然遠遠不及苦戀一番，最後可能導致琵琶別抱；升遷過快，也難免因少

年得志而目中無人，也常有後事不順甚至丟官去職的
下場；客戶來得太輕鬆，亦容易因心生怠慢而流失。
職場及人生不就是一再重演類似的案例嗎？

現學現賣

☆你一畢業就到電子公司上班，錢賺得多，也花得快，果
　然映證了「若將容易得，便作等閑看」這句話。

☆老婆，我們雖然略有積蓄，可是一定要教導小孩子們節
　儉，以免「若將容易得，便作等閑看」，怕他們將來把
　祖產都敗光了。

熟讀王叔和，不如臨症多

　　不論你在學校唸的是政治、經濟、醫學、化學、哲學、生物、藝術或任何科系，必定都與職場上的實際用途有一段差距。即使當初書唸得呱呱叫，在工作時都必須融會貫通，才能學以致用

典故 時光機

　　《儒林外史》第三十一回「天長縣同訪豪傑」，敘述杜少卿、韋四太爺、張俊民、鮑廷璽四人在韋四太爺家中大快朵頤。席間韋四太爺稱讚張俊民醫術高明，張俊民回了這麼一句話：「熟讀王叔和，不如臨症多。不瞞太爺說，晚生在江湖上胡鬧，不曾讀過什麼醫書，卻是看的症不少。」

　　王叔和何許人也？他是西晉時的名醫，最為後世稱道的是著了一部「脈經」共有九十八篇，十萬一千多字，提出二十四脈象，是後代學中醫者必讀之經典名著。

　　張俊民這位大夫的意思是，熟讀醫學名著，雖是好事，但終究不如臨床經驗來得寶貴。因為即使王叔和

「脈經」記載及敘述如何詳細，終究不可能包括所有的症狀。有太多的病症，仍需要自行研判或與其他醫生推敲，才能藥到病除。更何況，臨床經驗的種種細節豈是一部醫書所能道盡。

在學術與現實工作兩者之間，自然絕不可能劃上等號，兩者間有太多的不同。學政治的，請問哪所大學的教授及教科書教過政治人物的爾虞我詐？醫學院的學生對人體組織及功能的掌握那裡比得上操刀多年的老醫生？經濟相關科系的高材生真能了解銀行、保險、股市的運作嗎？哲學及心理系的學生能夠了解複雜多變的人性嗎？物理、化學系的教育過程中，也不太可能著墨於市場導向的新產品開發，而必須跟著資深研究人員從頭學起，不是嗎？

因此，社會新鮮人進入職場之後，不論自認在學校時是天縱英明或是資質平庸，都要擁有一顆謙卑的心。遇到資深的同仁，即使學歷或學校不如己，也要凡事不恥下問，如能得到對方的傾囊相授，勢必可以少走許多冤枉路。即使進入的公司或單位規模並不大，也一定仍有許多知識及技能是自己在學校所未接觸的。

　　即使你是幸運兒，初入職場的工作項目與自己所學完全契合，也不宜掉以輕心，因為理論與實務仍然是兩回事。儘快的將理論基礎與工作實務相結合、印證，並且從實務中累積經驗，才是日後出類拔萃的不二法門。

現學現賣

☆工作多年之後，才深覺「熟讀王叔和，不如臨症多」這句話真是至理名言。

☆小林，你是大學畢業，可是工作表現卻比不上技專的小唐，真是「熟讀王叔和，不如臨症多」啊！

吃得苦中苦，方爲人上人

在職場上，老天爺大致是公平的。能夠在官場及商場上出人頭地者，年輕時「吃得苦中苦」幾乎都成爲中年後「方爲人上人」的保證。當然，不必吃苦也有可能成爲人上人，但是那樣的機率可能不比中樂透頭彩更高。

典故
時光機

《官場現形記》第一回「望成名學究訓頑兒，講制藝鄉紳晶後進」中，王鄉紳向王孝廉回憶當初唸書的煎熬及老師的嚴格道：「因我記性不好，先生就把文章裁了下來，用漿子糊在桌上，叫我低著頭想，偏偏念死念不熟。爲這上頭，也不知捱了多少打，罰了多少跪；到如今才掙得兩榜進士！唉！雖然吃了多少苦，也還不算冤枉。」王孝廉接口道：「這才合了俗語的一句話，叫做吃得苦中苦，方爲人上人。不是你老人家一番閱歷，也不能說得如此親切。」

古人在科舉上想要出人頭地，當然要苦讀四書五經

及博覽群書，其中之苦悶實不足爲外人道，因此有了
「十年寒窗無人問，一舉成名天下知」這兩句話。即使
到了現代，一路從小學至研究所，也眞的要吃不少的苦
頭；但是也正因爲如此，經過十多年的苦讀，最終拿到
了留美或是本土博、碩士等高學歷，從此在官場或商場
上就比一般人起步快些，日後成爲人上人的機會也大多
了。

除了苦讀是很好的機會成爲人上人外，現實的磨
練也是成爲人上人的強大動力。很明顯的例子，就是
先總統蔣經國。與一般總統之子、名門之後的際遇大
不同之處，就是蔣經國在年輕時經歷了一段艱苦異常
的患難。在赴蘇俄莫斯科中山大學深造時，因爲中蘇
政情的變化而無法回中國大陸，甚至有一段時間與其
父蔣中正及家人失去聯絡。在西伯利亞烏拉山工廠做
工的那一段時間，蔣經國經常吃不飽、穿不暖，因而
鍛鍊出異於常人的意志力。其後由外交官蔣廷黼接回
大陸，出任江西專員開始宦途，在台灣先後出任國防
部長、行政院長、總統，其十大建設、政治本土化等
多項政績，都是憑藉著過人的意志力而完成。與其過
著公子哥兒日子，始終難成大器的胞弟蔣緯國相較，
蔣經國早年「吃得苦中苦」正是早年以後「方爲人上

人」的重要條件。

在職場上，通常剛開始工作的十年是打基礎的階段。在這一段時間中，多數人在職位與發展上都不會有太明顯的差別，但卻是累積個人工作資產的重要階段。日後會在公司或行政部門中能夠脫穎而出者，幾乎在這段時間內辛勤工作；相反地，始終在職場原地踏步者，通常是沒有好好的利用這段時間。例如，前財政部長王建煊在財政部紮根的階段，便常常在辦公室打地舖加班，令長官刮目相看而屢獲升遷，日後也果然成為典型的青年才俊，先後出任經濟部次長、財政部長等財經顯職。

現學現賣

☆兒子，我知道你現在唸書很辛苦，可是「吃得苦中苦，方為人上人」，日後你能否事業有成，就要看現在努力與否了。

☆小張在北美司的同仁中最努力，俗話說「吃得苦中苦，方為人上人」，相信他日後會是外交部的一顆明星。

好漢不怕出身低

　　學歷佳、關係好，固然是職場上飛黃騰達的重要條件，但絕不是唯一、必要的條件。歷史上有許多改朝換代、繼往開來的大人物，便是以膽識、眼光、氣度、人望、勤奮等特質，以低微的出身各自打出了一片江山。

典故
時光機

　　《兒女英雄傳》第十一回「糊縣官糊塗銷巨案，安公子安穩上長淮」中，一個土匪頭子基於十三妹的面子，派了兩個小嘍囉護送安公子上路。近目的地淮安時，安公子回手便向車上取下兩封銀子給兩人作盤費，但兩人堅持不受。安公子便向張老道：「不想這強盜裡邊也有如此輕財仗義的！」張老回道：「俗話兒說的好，好漢不怕出身低。那一行沒有好人哪！就是強盜裡也有不得已而落草的。」

　　「好漢不怕出身低」的歷史例子不勝枚舉，歷代改

朝換代時不就是出了許多的草莽英雄嗎？朱元璋以癩痢頭和尚，一手打倒了人類歷史上版圖最大的蒙古帝國；陳橋兵變的趙匡胤也不過是個小軍官出身；推翻秦暴政的劉邦，原來只是一個微不足道的亭長，其後世子孫劉備更只是個織蓆小兒；滿清十三皇朝的始祖努爾哈赤發跡前，只是關外不毛之地的獵戶而已；中國曇花一現的太平天國傳奇，洪秀全僅是一個落第秀才，帶領著楊秀清、石達開等布衣，居然能夠打出半壁江山，還差點改寫近代中國歷史；毛澤東更以一個圖書館管理員之資，結束了民國建立以來的割據、混亂局面。

現代版的「好漢不怕出身低」例子也不勝枚舉。陳水扁總統、行長院長游錫堃不就是農家子弟出身嗎？台灣經營之神王永慶起初又豈是官宦子弟或家有萬貫之財？李前總統當年求學的過程中也是苦不堪言。這些人後來都在台灣的政商界呼風喚雨，遠比一般的宗室子弟更為飛黃騰達，不是嗎？

任何身在職場之人，除了即將退休及胸無大志者外，都不妨以「好漢不怕出身低」、「將相本無種，男兒當自強」為座右銘。經過數十年的奮鬥及些許的機運，都有可能在本行中出人頭地。

　　當然，「好漢不怕出身低」並不是說說而已，必須要有一些條件配合。除了未必可取的工於心計、逢迎拍馬之外，必須要在膽識大、眼光遠、人望佳、胸襟寬、勤奮足、不怕錯等條件中有若干吻合者。如果符合這些條件而仍打不出一片江山，那麼人類歷史便是向壁虛構的了。

現學現賣

☆小葉，你雖然只有高職畢業，但是「好漢不怕出身低」。以你的勤奮加上努力自修，仍然會有出頭的一天。

☆「好漢不怕出身低」，隔壁囚室的張得標考上了大學聯考，連報紙都大幅報導，出獄後真是大有前途呢。

人無遠見，安身不牢

　　近視的人如果拿下眼鏡會如何？不但看不清楚遠方，甚至常會絆到石頭而摔一跤。職場上缺乏遠見者就如近視者摘下眼鏡一般，不但看不清楚未來，也可能因方向錯誤而常不順遂。

典故
時光機

　　《金瓶梅》第八十七回「王婆子貪財忘禍，武都頭殺嫂祭兄」裡，應伯爵在路上撞見春鴻，便關心她日後的出路。春鴻便訴苦道：「老爹已是沒了。家中各處買賣都收了，房子也賣了，琴童兒、畫童兒都走了。小的待回南邊去，又沒順便人帶去；這城內尋個人家跟，又沒個門路。」心腸不錯的應伯爵便出個主意道：「傻孩兒，人無遠見，安身不牢。千山萬水，又往南邊去做甚？你肚裡會幾句唱，愁這城內尋不出主兒來答應，我如今舉保個門路與妳。」

　　由於魏、蜀、吳三國的實力懸殊，三國時代原本應是曹魏應提前一統天下的局面，但是出了吳蜀聯合

拒魏的隆中對，不但形成三國鼎立之勢，更因此而醞
釀出流傳千古的文臣武將、謀略權術。誰是三國鼎立
的中流砥柱人物呢？不是劉備與孫權，更不是關、張
與周瑜，而是蜀漢的諸葛孔明與東吳的魯肅。

諸葛亮早就看出了中原曹操的勢大，絕非當時流
離顛沛的劉皇叔、偏安一隅的孫仲謀所能望其項背
的。因此，孔明在尚處茅廬時就看穿世局及未來的走
向，早就準備好一套隆中對戰略，只等待有緣者上
門。如果不是諸葛武侯的遠見，最先被滅的必然是劉
玄德，接著便是東吳遭殃，安身都不穩了，那裡還有
日後劉備、孫權各自稱孤道寡的局面呢？

職場新兵如果沒有遠見，不但不容易有大發展，
眼前便可能常吃虧。新鮮人應該培養些什麼樣的遠見
呢？在公司方面，要觀察公司有沒有營運的前途？公
司未來會有什麼樣的發展及改變？一旦看出端倪，就
應設法調整自己與公司的未來發展方向一致。在個人
方面，也要動腦想想自己的條件在公司內有沒有發展
前景？自己有那些專長可以培養及發揮？有結論之
後，便儘量充實自己的能力，並設法發揮自己的長
處。能夠如此，日後做起事來自然事半功倍；如果對
公司及自己的未來認識不清，便易導致事倍功半，在

老闆及主管的眼中，便會被歸類爲「搞不清楚狀況」之類發展性有限的員工。

　　當然，職場新鮮人或資淺者，很難於一時之間就能看清楚未來幾十年的發展態勢。因此，不妨可以將「未來」劃分成幾個階段，例如「未來一至三年」屬於短期，比較容易觀察，詳細訂立自己的能力及工作要求，思考自己在公司的定位；「未來三至五年」屬於中期，公司可能會有小幅人事及業務上的變化，自己也可能會有職務及跳槽等的異動，不妨稍微想想屆時自己的可能情況爲何；至於「未來五至十年」則屬長期，可與長輩及公司資深主管、同事聊聊國內外政情發展及公司長遠前景，即使瞎子摸象，至少總比不知大象爲何物者仍勝一籌。

現 學 現 賣
☆報告總經理，「人無遠見，安身不牢」。中南美洲的市
　場已接近飽和，我們公司是不是應該早點想辦法開發大
　陸及東南亞等亞洲市場？
☆小潘，「人無遠見，安身不牢」。你成天在公司裡摸魚
　打混，難道不會爲未來憂慮嗎？

天道忌滿，人事忌全

處逆境時要有逢凶化吉的智慧，處順境時更要有天道忌滿的心理。如果沒有萬全的準備，「登高必跌重」就是歷史上許多呼風喚雨大人物的下場寫照。

典故
時光機

《兒女英雄傳》第三十八回「小學士儼爲天下師，老封翁驀遇窮途客」中，安公子以國子監祭酒的官職受了一榜新進士四拜，便收了一個狀元門生。此舉算是「得天下英才而教育之」，連同「父母俱存」、「不愧不作」，成就了文士雅士所稱的「君子有三樂」。一向有幽默感的安公子又說了一句閒話「吃酒是天下第一樂」，便被張姑娘姊妹附和地要求安公子寫個「四樂堂」的匾。安子道：「這卻使不得；且無論天道忌滿，人事忌全，不可如此放縱，便是一時高興寫了掛上，儻然被老人家看見，問我何謂四樂堂，你叫我怎麼回答？」

「天道忌滿，人事忌全」與另外兩句話「樂極生悲」、

站在制高點─策劃篇 153

「福禍相倚」有異曲同工之妙。照通俗的說法，一個人若是處處太過順利，連老天也會妒嫉而會施予天譴。如果以人性的角度來看，天之驕子型的人物，除了令人羨慕外，也常會招嫉，一旦遇上暗箭傷人的小人，便容易著了道兒。

要避免「天道忌滿，人事忌全」的特效藥就是「廣結善緣，謙沖致和，急流勇退」十二個字。廣結善緣可以在一旦遭逢逆境時多一些說話的朋友，謙沖致和可以少招惹一些小人，急流勇退更是全身而退所需的智慧。

在傳統官場上，「第一家庭」一向是易受社會褒貶、月旦的對象。早期的蔣家第一家庭，蔣孝文的生活作息、蔣孝武的仕途、蔣孝勇的經商等，便常招致社會上的爭議。新近陳水扁總統的「第一家庭」中，「公主」與「駙馬爺」在SARS疫情肆虐時的休假風波、「王子」陳致中的開名車至軍營，也深受在野黨人士的強烈攻擊。這豈不也是反對人士在「天道忌滿，人事忌全」心理下所反射出的動作？

清乾隆年間不可一世的寵臣和珅，飛黃騰達了數

十年，自古以來位居人臣能像和珅般令皇帝言聽計從者也不多見。但是一旦嘉慶皇帝登基，「天道忌滿，人事忌全」的效應便出作祟了，和珅最後便以抄家、斬首的「開高走低跌停」行情作收。

在官場及職場上，不論是基於人際關係、工作表現而處於順境，表面上必然風風光光，看似老闆欣賞、同事巴結，真個是一呼百應。但是暗中卻是處處礁石，心存妒嫉、看不順眼者大有人在，一旦日後出個紕漏，就可能突然出現一籮筐爭相「秋後算帳」的人物，公開批鬥、暗中告密的手段紛紛出籠。許多呼風喚雨的政治人物，不就是如此這般垮台的嗎？

現學現賣

☆李得勝年紀輕輕就當上了常務次長，固然是他的能力有過人之處。但是「天道忌滿，人事忌全」，躲在暗處想陷害他的敵人也不少。

☆處在順境中的人宜多廣結善緣、謙沖致和，才易免除「天道忌滿，人事忌全」的宿命。

中與不中，各由天命，不走小道兒

官場及職場上，能力與職位必須要相符，才能「坐得穩、做得好」。靠旁門左道而發跡者，通常「坐不穩、做不好」，固然有短暫的榮華富貴，但是未必能享有長久的福報。

典故
時光機

《兒女英雄傳》第十五回「酒合歡義結鄧九公，話投機演說十三妹」中，正直的鄧九公不肯花錢買通考官。他對安老爺道：「學問上的書辦找來說，大人見我的武藝件件超群，要中我個案首，只因兵書裡落了字，打下來了，叫我花五百銀子，依然保我個插花披紅的秀才。要論我的家當兒，再有幾個五百也拿出來了；只是我想大丈夫仗本事幹功名，一下腳就講究花錢，塌了銳氣了。我就回他說：〝中與不中，各由天命。不走小道兒。〞」

回想公元2000年的總統大選中，原本宋楚瑜的呼

聲不低，但是受到興票案及若干事物的影響，結果陳水扁以些微之差勝選。這項結果不僅令人驚訝，也深深影響了日後四年台灣政經情勢的發展。

當時，台灣社會的主流意識想法是，宋楚瑜及連戰分別擔任過台灣省長及行政院長，更進一步登大位時，政府施政不致中斷、顛簸，尤其看好宋楚瑜的膽勢及手腕略勝連戰一籌，而陳水扁及民進黨執政則被認為至公元2004年時較為成熟及水到渠成。如果「興票案」算是一個「小道兒」，那麼其結局如何，看看台灣近四年來的政經社會及兩岸情勢發展便可知了。

「中與不中，各由天命，不走小道兒」的奧妙道理在於，通常是「不中者」才需要走「小道兒」；本應「中者」何需多此一途呢？靠小道兒而中者，如果日後能夠充份展現實力那倒也罷，最怕的是原本不足的實力反而在「中」之後原形畢露。

在職場及官場上，有許多高位顯職的確是靠走「小道兒」而獲取，對於當事人及相關小團體當然是光宗耀祖，但是日後吃虧的卻是公司及政府單位。因此，許多先進國家的政府機構、著名的跨國企業，通常在制度對人事升遷都有極其嚴格的審查，在實際作

業時也極力避免人為的干預，也就是務求「用人唯才」。反倒是第三世界的國家，則常見「用人唯私」的弊病，其結果如何，看看伊拉克、菲律賓、阿根廷及非洲諸國就可知了。

雖然，在職場上，不遵守「中與不中，各由天命，不走小道兒」而達到目的者比比皆是，甚至蔚為時尚，但是如此做者仍有不為外人所知的壓力與痛苦。走小道兒而升官晉爵者心理的苦處在於：不知何時靠山下台而官位不保、能力不足而致工作壓力極大、備受周遭人們的指指點點。進一步而言，靠小道兒而發跡者，其日後職位「來得快，去得也快」與一般僅守本份者「穩如泰山」相比，其實未必佔到多大的便宜，而且事後必留罵名，如此真的划算與值得嗎？

現學現賣

☆這次經理一職出缺，公司方面正在考慮適當的人選，希望各位能記得「中與不中，各由天命，不走小道兒」這句話。

☆「中與不中，各由天命，不走小道兒」。可是某候選人硬是不信邪，用散播謠言的方式打擊競選對手，現在已遭檢查官起訴。

錢進口袋

小市民理財致富 **50** 招

清楚解釋 **50** 個常見的財金名詞！

理·財·入·門·必·備·知·識——

新手上路的第一本理財必備用書！

作者劉培元以十五年的財金新聞採訪經歷，從股市、銀行、基金、外匯、以及日常生活等五大類，精選出50個常見的財金名詞，以幽默、淺顯的文字，做深入淺出的解釋，並教導您如何應用這些名詞於生活當中。您還在搞不清楚這些理財的專有名詞嗎？輕鬆閱讀本書，讓您立即跳脫「財金文盲」、增加理財能力與觀念！

劉培元◎著

大陸新生代作家系列

D9002	上海寶貝	衛　慧/著	NT：250
D9003	像衛慧那樣瘋狂	衛　慧/著	NT：250
D9004	糖	棉　棉/著	NT：250
D9005	小妖的網	周潔茹/著	NT：250
D9008	烏鴉 ── 我的另類留學生活	九　丹/著	NT：280
D9009	茶花淚	孫　博/著	NT：300
D9010	新加坡情人	九　丹/著	NT：250

台灣作家系列

D7101	我的悲傷是你不懂的語言	沈　琬/著	NT：250
D9007	金枝玉葉	齊　萱/著	NT：250

歷史小說系列

D9401	風流才子紀曉嵐－（上冊）妻妾奇緣	易照峰/著	NT：350
D9402	風流才子紀曉嵐－（下冊）四庫英華	易照峰/著	NT：350
D9403	蘇東坡之把酒謝天	易照峰/著	NT：250
D9404	蘇東坡之飲酒垂釣	易照峰/著	NT：250
D9405	蘇東坡之湖州夢碎	易照峰/著	NT：250
D9406	蘇東坡之大江東去	易照峰/著	NT：250
D9407	蘇東坡之海角天涯	易照峰/著	NT：250
D9408	蘇東坡之文星隕落	易照峰/著	NT：250
D9409	胡雪巖（上冊）	徐星平/著	NT：250
D9410	胡雪巖（下冊）	徐星平/著	NT：250
D9411	錢王	鍾　源/著	NT：299
D9501	紀曉嵐智謀（上冊）	聞迅/編著	NT：300
D9502	紀曉嵐智謀（下冊）	聞迅/編著	NT：300

WISE系列

D5201	英倫書房	蔡明燁/著	NT：220
D5202	村上春樹的黃色辭典	村上世界研究會/著，蕭秋梅/譯	NT：200
D5203	水的記憶之旅	山田登世子/著，章蓓蕾/譯	NT：300
D5204	反思旅行－一個旅人的反省與告解	蔡文杰/著	NT：180
D5205	百年的沉思	辛旗/著	NT：350

MONEY TANK系列

編號	書名	作者	定價
D4001	解構索羅斯–索羅斯的金融市場思維	王超群/著	NT：160
D4002	股市操盤聖經–盤中多空操作必勝祕訣	王義田/著	NT：250
D4003	懶人投資法	王義田/著	NT：230
D4004	股海怒潮－終結本益比的神話王國	費　朵/著	NT：220
XE010	台灣必勝	黃榮燦/著	NT：260
D4005	致富新捷徑	王俊超/著	NT：180

ENJOY系列

編號	書名	作者	定價
D6001	葡萄酒購買指南	周凡生/著	NT：300
D6002	再窮也要去旅行	黃惠鈴、陳介祜/著	NT：160
D6003	蔓延在小酒館裡的聲音	李　茶/著	NT：160
D6004	喝一杯,幸福無限	書籍編輯部/主編,曾麗錦/譯	NT：180
D6005	巴黎瘋瘋	張寧靜/著	NT：280
D6006	旅途中的音樂	莊裕安等/著	NT：250

A-PLUS系列

編號	書名	作者	定價
D5101	求職Easy Job	汪心如/著	NT：149
D5102	面試Easy Job	汪心如/著	NT：199
D5103	魅力領導	葉微微/著	NT：280

FAX系列

編號	書名	作者	定價
D7001	情色地圖	張錦弘/著	NT：180
D7002	台灣學生在北大	蕭錦弘/著	NT：250
D7003	台灣書店風情	韓維君、馬本華、董曉梅、黃尚雄 蘇秀雅、席寶祥、張　盟、王佩玲/著	NT：220
D7004	賭城萬花筒－從拉斯維加斯到大西洋城	張　邦/著	NT：230
D7005	西雅圖夏令營手記－一位父親的親子時間	張維安/著	NT：240
XA009	韓戰憶往	高文俊/著	NT：350
XA016	韓戰生死戀	王北山/著	NT：380
D8001	情色之旅	李憲章/著	NT：180
D8002	旅遊塗鴉本	李憲章/著	NT：320
D8003	日本精緻之旅	李憲章/著	NT：320

當代大師系列

D2001 德希達	楊大春/著	NT：150
D2002 李歐塔	鄭祥福/著	NT：150
D2003 羅逖	張國清/著	NT：150
D2004 傅柯	楊大春/著	NT：150
D2005 詹明信	朱　剛/著	NT：150
D2006 海德格	滕守堯/著	NT：150
D2007 維根斯坦	趙敦華/著	NT：150
D2008 希克	林　曦/著	NT：150
D2009 拉岡	王國芳 郭本禹/著	NT：200
D2010 薩伊德	朱　剛/著	NT：200
D2011 哈伯瑪斯	曾慶豹/著	NT：200
D2012 班傑明	陳學明/著	NT：150
D2013 紀登士	胡正光/著	NT：200
D2014 史碧娃克	曹　莉/著	NT：150
D2015 羅爾斯	應　奇/著	NT：200
D2016 貝爾	王小章/著	NT：200
D2017 布魯克	王婉容/著	NT：200
D2018 田立克	王　民/著	NT：200
D2019 霍爾	胡芝瑩/著	NT：200
D2020 史特勞斯	胡全威/著	NT：200
D2021 費爾阿本德	胡志強/著	NT：200
D2022 伊戈頓	馬馳、張岩冰/著	NT：150
D2023 鄂蘭	王音力/著	NT：150
D2024 布爾迪厄	高宣揚/著	NT：200
D2025 拉克勞與穆芙	曾志隆/著	NT：200
D2026 伍爾斐	汪子惟/著	NT：200
D2027 吳爾芙	吳慶宏/著	NT：200
D2028 克里斯多娃	羅　婷/著	NT：200
D2029 布希亞	季桂保/著	NT：150
D2030 高達瑪	何衛平/著	NT：200
D2031 梅洛龐蒂	楊大春/著	NT：200
D2032 昆德拉	李思屈/著	NT：200

LOT系列

MBA系列

小市民理財系列

古粹new智慧系列

····   多加利用博客來、金石堂等網路書店
線上訂購 優惠折扣多喔！

職場觀測站－古典名句新智慧

著　　　者：李保祿

出　版　者：生智文化事業有限公司

發　行　人：宋宏智

總　編　輯：賴筱彌

執 行 編 輯：傅紀虹

責 任 編 輯：林淑雯

封 面 設 計：項海萍

登　記　證：局版北市業字第677號

地　　　址：台北市新生南路三段88號5樓之6

電　　　話：(02)23660309

傳　　　真：(02)23660310

E- m a i l：shenchih@ycrc.com.tw

網　　　址：http://www.ycrc.com.tw

印　　　刷：鼎易印刷事業股份有限公司

法 律 顧 問：北辰著作權事務所　蕭雄淋律師

郵 撥 帳 號：19735365

戶　　　名：葉忠賢

初 版 一 刷：2004年1月

定　　　價：新台幣 199 元

I S B N：957-818-547-2（平裝）

總經銷：揚智文化事業股份有限公司

地址：台北市新生南路三段88號5樓之6

電話：(02)23660309

傳真：(02)23660310

※本書如有缺頁、破損、裝訂錯誤，請寄回更換

職場觀測站：古典名句新智慧／李保祿作.--
初版 --臺北市：生智, 2004〔民93〕
　　面；　　公分.--（古粹new智慧；1）
　　ISBN　957-818-547-2（平裝）

　　　　1.格言　2.職場成功法

192.8　　　　　　　　　　　92014211